D wie Deutsch 7

Das Arbeitsheft Basis mit zusätzlicher Förderung

Lösungen

Seite 6

2 ☒ über Elefanten, auf denen Touristen reiten können.

Seite 7

3 **Pia:** Es ist für die Touristen toll.
Jason: Es gibt Gründe dafür und dagegen.
Rina: Es ist für die Tiere nicht in Ordnung.

4

für Elefantenreiten	gegen Elefantenreiten
– echtes Erlebnis für Touristen – man lernt viel über Elefanten – Menschen verdienen Geld zum Leben	– Wildtiere sollen in Freiheit leben – Tiere werden geschlagen und sind angekettet – keine artgerechte Haltung

7 *Beispiel für Lösungen:*
Ich finde Elefantenreiten für Touristen nicht in Ordnung, weil Elefanten in Freiheit leben sollten.
Ich finde Elefantenreiten für Touristen großartig, weil es ein tolles Erlebnis ist.

Seite 9

2 ☒ über einen Schulhund, der im Unterricht eingesetzt wird.

3

für einen Schulhund	gegen einen Schulhund
Paul, Janina	Turan, Kira

4 **a.**

für einen Schulhund	gegen einen Schulhund
– Umgang mit einem Hund lernen – Kinder haben ein Erfolgserlebnis, wenn sie die Angst vor Hunden verlieren – Kinder verhalten sich ruhiger – Schüler streiten weniger	– Kinder, die Angst vor Hunden haben – Hund hat in der Klasse viel Stress – lenkt die Kinder ab – Allergie gegen Hunde

4 **b.** *Beispiel für Lösungen:*

für einen Schulhund	gegen einen Schulhund
– Kinder haben Spaß mit dem Hund – Kinder lernen, Verantwortung zu übernehmen – Kinder lernen etwas über Hunde	– Hunde könnten beißen – Hunde können Krankheiten übertragen – Hund stören durch Bellen oder Herumlaufen den Unterricht

Seite 10

6 *Beispiel für Lösungen:*
Ich finde einen Schulhund in der Klasse sinnvoll, denn
- man kann den Umgang mit Hunden lernen.
- die Schüler verhalten sich ruhiger im Unterricht.
- die Schüler streiten sich weniger.

Ich finde einen Hund in der Klasse unmöglich, denn
- manche Kinder haben Angst vor Hunden.
- ein Hund hat Stress bei so vielen Kindern.
- der Hund lenkt die Kinder vom Unterricht ab.

8 **b.** Für Hunde ist es Stress, in einer Schulklasse zu sein. → Sie reagieren zum Beispiel sehr empfindlich auf Lärm und Streit.
Die Kinder lernen viel über Hunde. → Sie lernen beispielsweise, was die Körpersprache eines Hundes bedeutet.
Ein Hund im Klassenraum ist unhygienisch. → Er riecht zum Beispiel nach Hund, verliert Haare oder sabbert.

Seite 11

9 *Beispiel für Lösungen:*
Meiner Meinung nach ist ein Hund in der Klasse sinnvoll, denn die Schüler nehmen dann Rücksicht auf den Hund und verhalten sich ruhiger. Außerdem kann man viel Spaß mit einem Hund haben und etwas über das Tier lernen.
Aber am wichtigsten finde ich dieses Argument: Man lernt, Verantwortung für ein Lebewesen zu übernehmen. Man muss den Hund beispielsweise füttern und mit ihm Gassi gehen. Deshalb bin ich für einen Schulhund in der Klasse.

Meiner Meinung nach ist ein Hund in der Klasse nicht sinnvoll, denn Schüler sind oft sehr laut und dann leidet der Hund unter Stress. Außerdem kann es passieren, dass Schüler den Hund ärgern und er dann beißt.
Aber am wichtigsten finde ich dieses Argument: Manche Kinder haben Angst oder Ekel vor Hunden. Es kann beispielsweise sein, dass sie dann nicht mehr zur Schule kommen wollen. Deshalb bin ich gegen einen Schulhund in der Klasse.

Seite 13

1 *dafür:* Delfintherapeutin, Mutter
dagegen: Delfinexperte, Sprecher des Tierschutzbundes, Vater

2 a. *Markierungen* für *eine Delfintherapie:*
Kindern hilft das gesellige und kontaktfreudige Wesen der Delfine dabei, sich zu öffnen. (Zeilen 1–2)
Erfolge durch die Therapie (Zeilen 7–8)
Das Wohlbefinden unserer Tochter steht für uns im Vordergrund und seit der Therapie lacht sie endlich wieder. (Zeilen 16–17)
Die Aquarien sind aber naturnah gestaltet. (Zeile 22)

2 b. *Markierungen* gegen *eine Delfintherapie:*
Langfristige Therapieerfolge konnten … bisher nicht nachgewiesen werden. (Zeilen 10–11)
… da eine artgerechte Haltung von Delfinen in Zoos und Delfinarien nicht möglich ist. (Zeilen 20–21)
Aquarien können das Meer nicht ersetzen, denn Delfine sind Wildtiere und keine Nutztiere. (Zeilen 23–24)
Zudem kann es sogar zu aggressivem Verhalten gegenüber Menschen kommen, … (Zeilen 27–28)
… kann die Therapie den Tieren körperlich schaden. (Zeile 29)
Besonders bedenklich ist, wenn mit solchen teuren Delfintherapien auch noch viel Geld verdient wird und nicht jedem kranken Kind die Möglichkeit geboten werden kann. (Zeilen 32–34)

2 c., d. *Beispiel für eine Lösung*:

	für	gegen
1	große Erfolge bei ängstlichen Kindern, freies Bewegen	langfristige Therapieerfolge sind nicht nachgewiesen
2	verschlossene Kinder öffnen sich, sind glücklich und lachen wieder	Tierquälerei
3	Aquarien sind naturnah gestaltet	Therapie kann Delfinen körperlich schaden

3 a. *Beispiel für eine Lösung:*
Ich bin der Meinung, dass man Delfintherapien verbieten sollte.

3 b. *Zu dieser Meinung passen die Argumente in der rechten Spalte.*

4 a. *Die Wortgruppe „zum Beispiel" muss unterstrichen werden.*

4 b. *Beispiel für eine Lösung*:
zu Gegenargument 1: Kurzfristige Verbesserungen können beispielsweise auch durch den Urlaub, durch das schöne Wetter oder die intensive Beschäftigung mit dem Kind erfolgen. (Zeilen 12–14)
zu Gegenargument 2: Aquarien können das Meer nicht ersetzen, denn Delfine sind Wildtiere und keine Nutztiere. (Zeilen 23–24)
zu Gegenargument 3: Beispielsweise kann beim Festhalten an den Delfinen die empfindliche Haut verletzt werden. (Zeilen 30–31)

Seite 14

4 c. Ich bin der Meinung, dass Delfintherapien verboten werden sollten, da die Therapie den Tieren körperlich schaden kann. Zum Beispiel kann beim Festhalten an den Delfinen die empfindliche Haut verletzt werden.
Außerdem ist die Haltung von Delfinen in Gefangenschaft nicht artgerecht und deshalb Tierquälerei. Aquarien können das Meer nicht ersetzen, denn Delfine sind Wildtiere und keine Nutztiere.
Besonders wichtig erscheint mir, dass langfristige Erfolge durch die Delfintherapie bisher nicht nachgewiesen werden konnten. Die Familien machen sich also vielleicht falsche Hoffnungen. Die Therapien sind zudem sehr teuer. Nur wenige Eltern können sich diese Therapie für ihr krankes Kind leisten, wie man auch am Beispiel von Maiks Eltern sieht.

5 a., b. Ein mögliches Gegenargument ist, dass Kindern das gesellige und kontaktfreudige Wesen der Delfine dabei hilft, sich zu öffnen. Ich denke aber, dass kurzfristige Erfolge eher durch den Urlaub, das schöne Wetter oder die intensive Beschäftigung mit dem Kind erzielt werden.

6 *Beispiel für eine Lösung:*
Ich bin ebenfalls Meldas Meinung, dass wir Menschen egoistisch sind und Tiere ausnutzen oder sogar missbrauchen. Delfintherapien sind Tierquälerei. Zum Beispiel kann beim Schwimmen und beim Festhalten an den Delfinen ihre empfindliche Haut verletzt werden. Außerdem ist die Haltung von Delfinen in Gefangenschaft nicht artgerecht. Es kann beispielsweise zu aggressivem Verhalten führen, wenn Delfine keine Rückzugsmöglichkeiten haben.
Besonders wichtig erscheint mir, dass langfristige Erfolge durch die Delfintherapie bisher nicht nachgewiesen werden konnten. Die Familien machen sich also möglicherweise falsche Hoffnungen. Weil sie zudem sehr teuer

ist, können sich nur wenige Eltern diese Therapie für ihr krankes Kind leisten, wie man am Beispiel von Maiks Eltern sieht.
Ein mögliches Gegenargument ist, dass Kindern das gesellige und kontaktfreudige Wesen der Delfine hilft, sich zu öffnen. Ich denke aber, dass kurzfristige Erfolge eher durch den Urlaub, das schöne Wetter oder die intensive Beschäftigung mit dem Kind begründet sind.
Es ist nicht richtig, Wildtiere wie Delfine, die vom Aussterben bedroht sind, ihrer Freiheit zu berauben für eine Therapie, deren Erfolg nicht nachgewiesen ist. Aus diesen Gründen möchte ich zusammenfassend sagen, dass Delfintherapien verboten werden sollten.

Seite 16

2 Bild 1: das Material bereitlegen
Bild 2: Augen, Nase und Mund ausschneiden
Bild 3: die Formen auf das Glas kleben
Bild 4: mit dem Filzstift bemalen
Bild 5: das Glas mit Erde füllen
Bild 6: die Kresse-Saat auf die Erde streuen
Bild 7: vorsichtig gießen

Seite 17

3 *Auf der Liste fehlen:* Blumenerde, eine Schere

4, **5**, **6** und **7** *Beispiel für eine Lösung:*
Hübsch und lecker
Man benötigt: ein Glas, Blumenerde, die Kresse-Saat, Moosgummi in verschiedenen Farben, Alleskleber, eine Schere, wasserfeste Filzstifte, eine Gießkanne.
Zuerst schneidet man die Teile des Gesichts aus Moosgummi aus. Danach klebt man Mund, Augen und Nase auf das Glas. Nun kann man die Formen bemalen. Dann füllt man das Glas mit Blumenerde. Als Nächstes streut man die Kresse-Saat auf die Erde.
Am Ende gießt man den Kressekopf jeden Tag ein wenig. Nach ungefähr fünf Tagen kann man die Kresse ernten. Man kann die Kresse auf dem Brot essen.

Seite 18

2 1. Arbeitsschritt: Bild 1
2. Arbeitsschritt: Bilder 2, 5, 8
3. Arbeitsschritt: Bilder 3, 6
4. Arbeitsschritt: Bilder 4, 7
5. Arbeitsschritt: Bild 9

Seite 19

3 **a.** *markierte Verben:* abmessen, ausschneiden, abziehen, legen, andrücken, ablösen, kleben

3 **b.** Man misst ein Rechteck auf der Folie ab und schneidet es aus. Man zieht die Rückseite der Folie 2 cm ab. Man legt die Folie auf die Zeitschrift und drückt sie kräftig an.

Seite 19/20

4, **5**, **6**, **7** und **8** *Beispiel für eine Lösung:*
Bunte Postkarten
Man benötigt: Klebefolie, bunte Zeitschriften, eine Schere, Kleber, ein Geodreieck, leere Klappkarten.
Zuerst misst man das Rechteck ab und schneidet es aus der Klebefolie aus. Es soll 9 cm breit und 14 cm lang sein. Dann zieht man die Rückseite der Folie 2 cm ab. Nun legt man die Folie auf die ausgewählte Stelle in der Zeitschrift und reibt kräftig mit dem Finger darüber, bis die Farbe haftet. Danach löst man die Folie vorsichtig ab. Als Nächstes zieht man die Rückseite der Folie ein weiteres Stück ab. Man wählt eine andere Stelle in der Zeitschrift aus und wiederholt den Vorgang, bis die ganze Folie bunt ist.
Zum Schluss klebt man das bunte Rechteck auf die Klappkarte. Tipp: Man kann auch nur zwei Farben abwechselnd nehmen.

Seite 21

11 **c. Schöne Karte mit Herbstblatt**
Man benötigt:
- ein getrocknetes und gepresstes Herbstblatt
- ein Blatt Papier
- Wachsmalstifte
- eine Schere, Kleber
- eine leere Klappkarte

Zuerst legt man ein getrocknetes und gepresstes Herbstblatt unter ein Blatt Papier. Dann malt man vorsichtig mit einem Wachsmalstift über das Blatt Papier, bis das Herbstblatt vollständig zu sehen ist. Danach schneidet man das bunte Blatt am Rand aus. Zum Schluss klebt man das ausgeschnittene Blatt auf die Klappkarte. Die fertigen Klappkarten kann man zum Geburtstag oder als Einladung verschicken.

Seite 22

1 Gurtband, Maßband und Schere, Schlüsselbandrohling, Heißklebepistole und Patronen, buntes Webband, Zange

2 **b., c.** 1. Webband und Gurtband 30 cm abmessen und zuschneiden, 2. Heißkleber auf Gurtband auftragen, 3. Webband mittig auf Gurtband kleben und trocknen lassen,
4. Band in der Mitte falten, 5. Band in Schlüsselbandrohling einsetzen, 6. Schlüsselbandrohling mit Zange zusammendrücken

Seite 23

3 **a.** Als Erstes, Danach, Dann, Nun, Schließlich

3 **b.** zieht, soll, säubert

4 Man kann den fertigen Schlüsselanhänger für den Hausschlüssel nutzen oder als Schmuck an die Tasche hängen.

Seite 24

5 **a.** bis **d.** *Beispiel für eine Lösung:*
Einen Schlüsselanhänger aus Gurtband herstellen
Folgende Materialien werden benötigt:
Gurt, Maßband, Schere, Schlüsselbandrohling, Heißklebepistole, Patronen, buntes Webband, Zange.
Als Erstes schneidet man vom Webband und Gurtband 30 cm ab. Danach trägt man Heißkleber auf das Gurtband auf. Dann klebt man mittig das Webband auf das Gurtband und lässt es trocknen. Nun faltet man das Band in der Mitte. Schließlich setzt man das Band in den Schlüsselbandrohling ein und drückt ihn mit einer Zange zusammen. Man kann den fertigen Schlüsselanhänger für den Hausschlüssel nutzen oder als Schmuck an die Tasche hängen.

7 **a.** bis **c.**
Zuerst schneidet man einen breiten Lederstreifen in den Maßen 20 cm x 7 cm zu. ~~Als ich endlich mein Geodreieck gefunden hatte, konnte ich weitermachen!~~ Dann zeichnet man einen oberen Rand von 2 cm ein. Darunter zeichnet man die einzelnen Streifen von 1 cm ein. ~~Das ist voll einfach!~~ ~~Dann~~ ***Als Nächstes*** schnei**det** ~~du~~ *man* die Fransen einmal entlang der gesamten Länge schön gleichmäßig ein. ~~Dann~~ ***Zusätzlich*** schneidet ***man*** eine Lederschlaufe für die Halterung zu und klebt sie fest. Den ganzen Rand oben ***bestreicht man*** mit Kleber ~~vollkleistern~~. ~~Dann~~ ***Danach rollt*** man das Leder eng zusammen. Am Ende ***fädelt*** ~~du~~ man den Schlüsselring ein. ~~Dann~~ Nun ist der Schlüsselanhänger fertig.

Seite 26

1 **b.** Wann (Datum)? am 21.9.
Wann (Uhrzeit)? um 14:30 Uhr
Wo? an den Fahrradständern
Wer? drei Leute
Was? Fahrräder gestohlen

Seite 27

2 Am 21. September arbeiteten wir in der Schulbücherei. Um 14:30 Uhr sahen wir vom Fenster aus, wie drei Leute Fahrräder stahlen.

3 **b.** Wir beobachteten drei Personen an den Fahrradständern. Sie knackten die Schlösser von drei Fahrrädern. Dann luden sie die Räder in einen Lieferwagen und fuhren weg. Der Lieferwagen war weiß. Er hatte das Kennzeichen MMF-BW.

4 ☒ Um 14:45 Uhr informierten wir unsere Schulleiterin Frau Roth.

Seite 28

1 **b.** Wann (Datum)? am 8.10.
Wann (Uhrzeit)? um 17:30 Uhr
Wo? vor der Cafeteria
Wer? ein Motorradfahrer
Was? in die Cafeteria eingebrochen

Seite 29

2 Der Bericht soll für die Homepage der Schule sein.

3 **b.** *Beispiel für eine Lösung:*
Ein Motorrad hat vor der Cafeteria gehalten.
Der Fahrer hat die Tür der Cafeteria geöffnet.
Der Motorradfahrer ist mit einer Kiste wieder herausgekommen.
Der Motorradfahrer hat gehört, dass mein Handy geklingelt hat, und ist auf mich zugekommen. Es war Frau Winkler, die Hausmeisterin.

Seite 30

4 Am 8. Oktober um 17:30 Uhr beobachtete ich einen Motorradfahrer vor der Cafeteria unsere Schule.

5 Die Person fuhr mit dem Motorrad auf den Schulhof. Der Fahrer stieg vor der Cafeteria ab. Er trug einen Helm und eine schwarze Lederjacke. Schnell öffnete er die Tür und verschwand in der Cafeteria. Nach ungefähr fünf Minuten kam er mit einer Kiste wieder heraus.

6 Ich vermutete einen Einbrecher, denn in der Nachbarschule hatte es vor zwei Tagen einen Einbruch gegeben. ~~Hilfe, was sollte ich tun?~~ Als ich die Polizei rufen wollte, klingelte mein Handy. Es war 17:35 Uhr. ~~So was Blödes!~~ Der Motorradfahrer hörte das Geräusch und kam auf mich zu. ~~Mir wurde ganz heiß vor Aufregung.~~ Die Person nahm den Helm ab und grüßte mich. Es war Frau Winkler, unsere Hausmeisterin.

Seite 31

9 *Beispiel für eine Lösung:*
Doch kein Einbruch
Am 8. Oktober um 17:30 Uhr beobachtete ich einen Motorradfahrer vor der Cafeteria unserer Schule. Die Person fuhr mit dem Motorrad auf den Schulhof. Der Fahrer stieg vor der Cafeteria ab. Er trug einen Helm und eine schwarze Lederjacke. Schnell öffnete er die Tür und verschwand in der Cafeteria. Nach ungefähr fünf Minuten kam er mit einer Kiste wieder heraus. Ich vermutete einen Einbrecher, denn in der Nachbarschule hatte es vor zwei Tagen einen Einbruch gegeben. Als ich die Polizei rufen wollte, klingelte mein Handy. Es war 17:35 Uhr. Der Motorradfahrer hörte das Geräusch und kam auf mich zu. Die Person nahm den Helm ab und grüßte mich. Es war

Frau Winkler, unsere Hausmeisterin. Ich verabschiedete mich und lief schnell nach Hause.

Seite 32

1 **a., b.** *Bild 1:* Am Freitag, dem 16.04.2019 sieht Lea um 10:15 Uhr ein Mädchen mit langen, lockigen, blonden Haaren. Sie beugt sich über einen Rucksack und wühlt darin herum.
Bild 2: Das Mädchen hält eine braune Geldbörse in der Hand.
Bild 3: Das Mädchen flüchtet mit der braunen Geldbörse durch die Ausgangstür der Umkleide.
Bild 4: Auf dem Fußboden der Umkleide liegt ein geöffneter, grüner Rucksack. Rechts ist ein Namensschild angebracht: „Hanna Peper 7a".

Seite 33

2 **a., b.** Wann (Datum)? am 16.04.2019
Wann (Uhrzeit)? um 10:15 Uhr
Wo? im Umkleideraum der Turnhalle
Was? Diebstahl einer Geldbörse, die sich im Rucksack einer Schülerin befand
Wer? ein Mädchen mit langen, blonden Haaren, einer blauen Jeans und einem roten Kapuzenpullover

3 Am 16.04.2019 um 10:15 Uhr beobachtete ich in der Umkleide der Sporthalle einen Diebstahl. Es war ein Mädchen mit langen, blonden Haaren beteiligt.

4 **a.** bis **d.**
Zuerst lief ich zu der Umkleidekabine und sah, dass dort ein Mädchen mit langen, blonden Haaren in einem Rucksack nach etwas suchte. Ich merkte in diesem Moment, dass etwas nicht stimmte. Sie trug einen roten Kapuzenpulli und eine blaue Jeans. Als ich in die Umkleide kam, hatte sie eine braune Geldbörse in der Hand. Sie lief dann durch die Tür der Umkleide auf den Flur hinaus. Ich entdeckte einen kurzen Moment später einen grünen Rucksack auf dem Fußboden der Umkleide. Am Namensschild an der rechten Seite erkannte ich, dass es der Rucksack von Hanna Peper war.

Seite 34

5 **a., b.** *vgl. Angaben zu den Aufgaben 3 und 4*

5 **c.** Ich ging anschließend in die Turnhalle zurück und berichtete meiner Sportlehrerin von dem Diebstahl. Wir liefen sofort mit Hanna zur Umkleide und sie sah ihren Rucksack auf dem Boden liegen. Sie durchsuchte ihn und merkte, dass ihre Geldbörse fehlte. Meine Sportlehrerin alarmierte schließlich die Polizei.

5 **d.** Diebstahl im Umkleideraum der Sporthalle / Geldbörse aus Schulranzen entwendet

6 Ich rannte dann erst einmal zu meiner Sportlehrerin und erzählte ihr von dem Diebstahl. Wir liefen sofort mit Hanna zur Umkleide und Hanna erkannte ihren Rucksack. Sie durchsuchte ihn und merkte, dass ihre Geldbörse fehlte.

Seite 36

1 ☒ eine Landkarte

2 rot: Städte, Orte; hellbraun: Inseln; orange: Halligen; blau: Nordsee

3

Inseln	Halligen
Sylt, Föhr, Amrum, Pellworm, Nordstrand	Oland, Langeneß, Gröde, Hooge, Süderoog

Seite 37

5 ☒ Auf einer Hallig bestimmt das Meer den Alltag der Menschen.
☒ Es ist etwas Besonderes, auf der Hallig zur Schule zu gehen.

Seite 38

6 **b.** Abschnitt 1: Kleine Inseln in der Nordsee
Abschnitt 2: Die Hallig Hooge
Abschnitt 3: Die Halligschule

7 **a.** Die Halligen werden bei Hochwasser oder Sturm überflutet. Die Häuser und Höfe sind auf Hügeln gebaut, die Warften heißen. Auf den Halligen leben nur wenige Menschen.

7 **b.** *Beispiel für eine Lösung:*
Die Häuser sind auf Warften gebaut, um die Menschen und Tiere vor den Überflutungen zu schützen.

7 **c.** ☒ mit dem Schiff

7 **d.** *Beispiel für eine Lösung:*
das Bürgermeisteramt, die Freiwillige Feuerwehr, zwei Museen, das Sturmflutkino

7 **e.** auf der Ockelützwarft, eine Lehrerin für alle Kinder, 2018 acht Kinder, bei „Land unter" schulfrei, Englisch online am PC

Seite 39

8 Warften, Radwege, Schiffsanleger, Tiere, Badestellen

9 ☒ in der Mitte

10 Die Schule liegt auf der Ockelützwarft.

11 Kühe, Schafe, Pferde, Vögel

12 *Beispiel für eine Lösung:*
Wir fahren mit dem Schiff auf die Hallig Hooge. Wir können dort Tiere beobachten, wandern, Rad fahren und baden. Man kann auch das Sturmflutkino auf der Hanswarft besuchen.

Seite 40

1 ☒ eine Landkarte

2 **b.** Fehmarn liegt in der Ostsee.

2 **c.** ☒ in Deutschland. ☒ im Bundesland Schleswig-Holstein. ☒ in der Nähe von Dänemark.

Seite 41

3 ☒ Auf der Insel Fehmarn kann man einen abwechslungsreichen Urlaub verbringen.

Seite 42

4 **b.** *Schlüsselwörter:*
Abschnitt 3: Touristen, Sommer, Strände, Meer, Süden, weiße Sandstrände, Wassersport, Südstrand, bei Windsurfern und Kitesurfern beliebt, Anfänger, Profis, Weltmeisterschaft
Abschnitt 4: Herbst, Zugvögel, Westküste, Naturschutzgebiet, viele Vogelarten, Südstrand, Drachen, Oktober, Drachenfest

4 **c.** Abschnitt 1: Insel in der Ostsee
Abschnitt 2: Das Meereszentrum in Burg
Abschnitt 3: Wassersport
Abschnitt 4: Zugvögel und Drachen

5 das Kitesurfen: Surfen mit einem Lenkdrachen
Zugvögel: Vögel, die im Herbst von Norden viele Tausend Kilometer in den Süden fliegen. Dort bleiben sie über Winter und fliegen im Frühjahr zurück.

6 **a.** ☒ über eine Brücke

Seite 43

6 **b.** Fische, Krebse, Seesterne, Muscheln, Rochen, Haie

6 **c.** Die Insel Fehmarn ist beliebt bei Windsurfern und Kitesurfern. Die Weltmeisterschaft im Kitesurfen fand dreimal auf Fehmarn statt. Am Südstrand weht ein kräftiger Wind zum Surfen.

6 **d.** *Beispiel für eine Lösung:*
An der Westküste liegt ein Naturschutzgebiet, in dem man Zugvögel beobachten kann. Am Südstrand kann man Drachen am Himmel bewundern.

7 *Beispiel für eine Lösung:*
Die Karte zeigt die Insel Fehmarn mit der Zugstrecke von Süden bis zum Fährhafen Puttgarden, außerdem einige Orte, Leuchttürme und Badestellen.

Seite 44

8 Fehmarnsundbrücke

9 Burg, Puttgarden, Wallnau, Landkirchen

10 Das Meereszentrum ist in Burg.

11 Das Drachenfest ist am Südstrand.

13 *Beispiel für eine Lösung:*
Die Insel Fehmarn liegt in der Ostsee. Wir können mit dem Zug über die Fehmarnsundbrücke nach Fehmarn fahren. Im Meereszentrum in Burg können wir uns interessante Meerwassertiere ansehen. Wir können auch verschiedene Wassersportarten wie Wind- und Kitesurfen ausprobieren. Außerdem kann man im Westen der Insel Zugvögel in einem Naturschutzgebiet beobachten. Im Herbst findet ein Drachenfest auf der Insel statt, aber im Sommer ist mehr los.

Seite 45

1 *Beispiel für eine Lösung:*
Bild 1: Fluss, Wildfluss, Türkis, Flusslandschaft (Quelle der Isar)
Bild 2: Gebirge, Fluss, Brücke (Sylvensteinstausee)
Bild 3: Fluss, Floß, Menschen, Holzbrücke
Bild 4: Surfer, Menschen mit Surfbrett am Fluss, wilder Fluss (Eisbach)

Seite 46

3 *Schlüsselwörter:*
Abschnitt 2: Stauseen, Wasserkraftwerke, Sylvensteinstausee, Hochwasserschutz, Stromerzeugung, versunken, Dorf
Abschnitt 3: Stadtgebiete, Floßfahrer, 50 000 Touristen, Sand- und Kiesbänke, Schwimmen, Sonnenbaden
Abschnitt 4: bayrische Hauptstadt München, Nebenbäche, Eisbach, stehende Welle, Wasserwalze, Rampe, Surfern
Abschnitt 5: Deggendorf, Donau, zum Schwarzen Meer

4 *Beispiel für eine Lösung:*
Es geht tatsächlich um den Wildfluss Isar und was man dort alles erleben kann.

5 *Beispiel für eine Lösung:*
Abschnitt 1: Die Quelle
Abschnitt 2: Stauseen und Wasserkraftwerke
Abschnitt 3: Mit dem Floß unterwegs
Abschnitt 4: Surfen in der Großstadt
Abschnitt 5: Die Mündung

Seite 47

6 *Wo liegt die Quelle der Isar?* Die Isar entspringt im Karwendelgebirge in Österreich.
Wie verändert sich der Charakter des Flusses? zu Beginn: wildes, klares, türkisfarbenes Wasser, viele Pflanzen- und Tierarten; im weiteren Verlauf: Einsamkeit nimmt ab, Stauseen und Wasserkraftwerke, Sand- und Kiesbänke, Floßfahrer, Nebenbäche, Surfer, Großstadt München, mündet in die Donau
Wie heißen die Tiere, die an der Isar leben? Flussregenpfeifer, Gefleckte Schnarrschrecke, Fischotter

Welche Informationen bekommst du zu den Floßfahrten auf der Isar? Man kann von der Stadt Murnau mit dem Floß bis nach München treiben. Jährlich fahren im Sommer bis zu 50 000 Touristen auf 20 Tonnen schweren Flößen.
Was für eine besondere Attraktion kann man auf dem Eisbach erleben? Man kann mitten in der Großstadt München auf einer stehenden Welle surfen.
Wo und nach wie vielen Kilometern mündet die Isar in die Donau? Die Isar mündet nach fast 300 km bei Deggendorf in die Donau.

7 Bei einem Wasserkraftwerk wird durch eine Staumauer Wasser zurückgehalten. Das Wasser wird durch eine Turbine oder ein Rad abgelassen. Durch die Drehung wird dann Strom erzeugt.

8 Wenn schnell fließendes Wasser auf stehendes Wasser trifft, entsteht eine Rückströmung. Gibt es an dieser Stelle noch ein Hindernis, wird eine stehende Welle erzeugt.

Seite 48

9 der Flusslauf der Isar

11 *Reihenfolge:* 2 Wolfratshausen, 6 Deggendorf, 1 Mittenwald, 4 Freising, 5 Landshut, 3 München

12 **b.** Der Stausee heißt Ismaninger Speicher.

13 Der Fluss Isar teilt sich. Ein Teil wird aufgestaut zum Speichersee und wird danach zum Isarkanal.

14 Loisach, Amper, Isarkanal

15 **a.** bis **e.** *Beispiel für eine Lösung:*
Besuch der Isar – ein spannender Fluss
An der Isar kann man viel erleben. Was macht diesen Fluss so interessant? Im Folgenden möchte ich euch ein paar Attraktionen an der Isar vorstellen.
Die Quelle der Isar befindet sich in Österreich, im Karwendelgebirge. Hier ist die Isar noch ein richtiger Wildfluss mit einer spannenden Tier- und Pflanzenwelt. Im weiteren Verlauf ist die Isar nicht mehr so wild und ursprünglich. Hier kann man Stauseen, wie z. B. den Sylvensteinstausee, und Wasserkraftwerke entdecken. Bei einem Wasserkraftwerk wird durch eine Staumauer Wasser zurückgehalten. Das Wasser wird durch eine Turbine oder ein Rad abgelassen. Durch die Drehung wird dann Strom erzeugt. Am Sylvensteinstausee mit seinem grünblauen Wasser kann man an den Stränden der Ufer prima baden und chillen. Danach fließt die Isar durch mehrere bebaute Stadtgebiete, z. B. Murnau und München. Man kann dort sogar auf großen, bis zu 20 Tonnen schweren Flößen bis nach München treiben! In München selbst wartet eine weitere Attraktion. Die Isar hat dort einige Nebenbäche. Einer davon ist der Eisbach mit einer sogenannten „stehenden Welle". Diese wird erzeugt, wenn schnell fließendes Wasser auf stehendes Wasser trifft und eine Rückströmung entsteht. An der stehenden Welle kann man mitten in der Großstadt surfen!
Wie ihr seht, gibt es an der Isar viel zu entdecken. Vielleicht verbindet ihr einen Besuch der Stadt München mit einer Floßfahrt oder probiert das Surfen im Eisbach aus!

Seite 50

1 *Beispiel für eine Lösung:*
arbeiten, fegen, bauen, sägen, backen

Seite 51

3 ☒ den Faulpelzen aus Köln
☒ den Zimmerleuten, die Häuser bauen
☒ dem Bäckermeister und seinen Burschen

4 bei einem Faulpelz: sie schwärmten, klappten, lärmten, rupften, zupften, hüpften, trabten, putzten und schabten
bei den Zimmerleuten: sie sägten, stachen, hieben, brachen, berappten, kappten, visierten, setzten
beim Bäckermeister: sie ächzten, kneteten, wogen, hoben, schoben, fegten, backten, klopften und hackten

5 ☒ Man kann fast hören, was die fleißigen Heinzelmännchen alles tun.

Seite 52

6 *Beispiel für eine Lösung:*
☒ Die Heinzelmännchen wollen nicht erkannt werden.

7 Die Heinzelmännchen rutschen auf den Erbsen aus und fallen die Treppe hinunter. Sie schimpfen und verschwinden dann für immer.

8 Man kann nicht mehr wie sonsten ruhn,
Man muss nun alles selber tun!
Ein jeder muss fein
Selbst fleißig sein.

Seite 53

1 *Beispiel für eine Lösung:*
Die Ballade könnte von zwei verliebten Tieren erzählen.

3 ☒ Der Käfer ist in die Fliege verliebt und möchte sie heiraten. ☒ Die Fliege möchte keinen Käfer heiraten und sagt Nein.

Seite 54

4 Vers 5: „Heirate mich und sei mir hold!"

5 „Mein Rücken ist eine wahre Pracht;
Da flammt der Rubin, da glänzt der Smaragd."
(Verse 7–8)

6 *Beispiel für eine Lösung:*
Die Fliege möchte keinen Käfer heiraten. Sie glaubt, dass Reichtum nicht glücklich macht.

7 ☒ ewige Treue, ☒ wahre Liebe, ☒ eine Familie

Seite 55

8 *Beispiel für eine Lösung:*
Der Käfer ist unglücklich und fliegt weg.

9 ☒ Sie macht sich für den Käfer schön.
☒ Sie schwärmt von dem Käfer.

10 *Beispiel für eine Lösung:*
Das Hochzeitsfest kann nicht stattfinden, weil der Bräutigam nicht zur Hochzeit erscheint. Er sitzt stattdessen auf einem Misthaufen.

11 *Das könntest du markiert haben:*
Der Bräutigam hat unterdessen
Auf einem fernen Misthaufen gesessen.
Dort blieb er sitzen sieben Jahr,
Bis dass die Braut verfaulet war.
(Verse 43–46)

Seite 56

12 Die Ballade „Die Launen der Verliebten" von Heinrich Heine erzählt von einer unglücklichen Liebe.

13
1. Ein Käfer hat sich in eine Fliege verliebt und möchte sie heiraten.
2. Die Fliege lehnt ab und der Käfer fliegt beleidigt davon.
3. Die Fliege ändert ihre Meinung und bereitet sich auf die baldige Hochzeit vor.
4. Aber der Käfer kommt nicht zurück.
5. Am Ende stirbt die Fliege.

14 **a.** Seele – auserwähle; hold – Gold

14 **b.** ☒ Paarreim (aabb)

15 **b.** *Beispiel für eine Lösung:*
„Liebe, süße Fliege, du bist etwas ganz Besonderes! Ich habe mich unsterblich in dich verliebt. Möchtest du mich heiraten und mich lieb haben? Ich sehe super aus."

Seite 57

1 **b.** *Beispiel für eine Lösung:*
Ich vermute, dass es in der Ballade um einen Tierkampf zur Unterhaltung des Königs und seiner Leute geht. Vielleicht fällt ein Handschuh in das Gehege der wilden Tiere.

Seite 58

3 *Beispiel für eine Lösung:*
Es hat sich bestätigt, dass es um einen Tierkampf geht. Der Handschuh des Fräuleins Kunigunde fällt jedoch nicht aus Versehen in die Tierkampfarena, sondern wird von ihr absichtlich fallen gelassen.

4 **a.** *Beispiel für eine Lösung:*
Ein Löwe ist das erste Raubtier in der Arena. Ein Tiger soll mit dem Löwen kämpfen. Zwei Leoparden kommen dazu. Das Fräulein Kunigunde ist ein adeliges Fräulein im Gefolge des Königs. Der Ritter Delorges ist ebenfalls Zuschauer im Gefolge des Königs. Die Ritter und Edelfrauen sitzen auch im Publikum.

Seite 59

4 **b.** Ein Löwe betritt träge und müde die Arena. Ein Tiger springt in die Arena und brüllt den Löwen an. Zwei Leoparden werden in die Arena gelassen und stürzen sich mutig auf den Tiger. Das Fräulein Kunigunde lässt ihren Handschuh in die Kampfarena zwischen die Raubtiere fallen. Sie fordert den Ritter auf, ihn aufzuheben.
Der Ritter Delorges springt in die Arena, hebt den Handschuh auf und wirft ihn Kunigunde ins Gesicht.
Die Ritter und Edelfrauen sehen erstaunt und mit Grauen dem Geschehen zu.

5 **a.** Ich wünsche mir einen Beweis, dass du mich liebst. Zeig mir, was dir deine Liebe Wert ist.

5 **b.** Der Ritter Delorges bringt sich in Lebensgefahr, wenn er zu den wilden Tieren in die Arena steigt.

5 **c.** Der Ritter hebt den Handschuh auf und wirft ihn Kunigunde ins Gesicht.

6 **a.** Einen Dank dafür von dir habe ich nicht nötig!

6 **b.** ☒ stolz ☒ mutig

6 **c.** *Beispiel für eine Lösung:*
Der Ritter empfindet es als Beleidigung, dass Kunigunde ihn in Gefahr bringt. Er ist stolz, zeigt aber auch seinen Mut, indem er ihr den Handschuh trotzdem aus dem Zwinger mit den gefährlichen Tieren holt. Er kündigt seine Liebe ihr gegenüber auf und möchte sie damit demütigen.

Seite 60

7 *Beispiel für eine Lösung:*
Die Ballade „Der Handschuh" von Friedrich Schiller aus dem Jahr 1797 handelt von einem Tierkampf zur Belustigung des Königs und seines Gefolges.
Dabei fordert ein Edelfräulein einen Ritter auf, zum Beweis seiner Liebe ihren Handschuh aus dem Zwinger zu holen.

8 **a.** *Beispiel für eine Lösung:*
Im Löwengarten, einem Gehege für wilde Tiere, befindet sich König Franz I. mit seinem ritterlichen Gefolge auf einem Balkon. Sie wollen sich ein Kampfspiel wilder Tiere zur Unterhaltung ansehen. Der König gibt das Signal, um die Tiere in die Kampfarena zu lassen.

Ein Löwe kommt herein und legt sich hin. Als der König erneut winkt, öffnet sich eine zweite Tür und ein Tiger kommt hereingesprungen. Grimmig umkreist er den Löwen. Als der König erneut winkt, springen zwei Leoparden in den Zwinger. Sie stürzen sich auf den Tiger. Da brüllt der Löwe und steht auf. Der Kampf der anderen Tiere wird gestört, spannungsgeladene Ruhe kehrt ein. In dem Moment fällt mitten unter die wilden Tiere der Handschuh des Fräulein Kunigunde vom Balkon. Diese wendet sich an den Ritter Delorges und bittet ihn, ihren Handschuh aus dem Zwinger zu holen. Der Ritter soll ihr damit seine Zuneigung und Liebe beweisen. Der Ritter steigt mutig in den Zwinger und hebt den Handschuh auf. Doch dann wirft er Kunigunde den Handschuh ins Gesicht.

8 **b.** *Beispiel für eine Lösung:*
Seine Reaktion zeigt, dass er ihre Liebe ablehnt und er sie demütigen möchte. Der Ritter verlässt stolz den Schauplatz und sagt der Dame, dass er auf ihren Dank keinen Wert legt. Ich finde die Reaktion des Ritters sehr mutig, er lässt sich nichts gefallen. Außerdem zeigt er ihr damit, dass sie ihn nicht wirklich liebt, wenn sie ihn in Lebensgefahr bringen will.

9 **a.** Die Ballade „Der Handschuh" hat acht Strophen mit insgesamt 67 Versen. Die Strophen sind unterschiedlich lang.

9 **b.** Es kommen alle Reimformen vor: Paarreim, Kreuzreim, umarmender Reim.

10 Durch die wörtliche Rede der Personen wird das Geschehen lebendig und anschaulich. Wie in einer Erzählung wird die Handlung ausgeschmückt. Wörter wie „grimmig" (Vers 30), „stürzen" (Vers 36) und „Kampfbegier" (Vers 36) steigern die Spannung des Tierkampfes. Der Höhepunkt wird nach dem Gebrüll des Löwen erreicht, „da wird's still" (Vers 40), dann fällt der Handschuh zwischen Tiger und Löwe (Vers 45). Wie in einem dramatischen Text gibt es auch einen Wendepunkt. Der Ritter handelt anders als gedacht, er wirft Kunigunde den Handschuh ins Gesicht.

Seite 62

2 Kristina ist allein in der Wohnung. Die Tür ist verschlossen. In der Tür ist ein Spion. Ein Junge schlägt gegen die Tür.

3 Die lauten Stimmen machen Kristina zuerst neugierig. Aber als jemand heftig gegen die Tür schlägt, ist Kristina erschrocken. Schließlich geht sie vorsichtig zur Tür.

Seite 63

5 **a.** Die Stimme klingt so verzweifelt, dass Kristina ohne nachzudenken den Riegel zurückschiebt. (Zeilen 16–17)

5 **b.** *Beispiel für eine Lösung:*
Kristina öffnet die Tür, weil die Stimme so verzweifelt klingt. Sie denkt gar nicht weiter nach.

7 *Beispiel für eine Lösung:*
Kristina: Vor wem rennst du denn weg? Und warum wolltest du ausgerechnet zu mir?
Junge: Vor wem ich weggerannt bin? Das darf ich dir nicht sagen, zu gefährlich.

Seite 64

2 ☒ Sie möchte etwas Spannendes erleben.
☒ Sie möchte keine Langeweile mehr haben.

3 *Beispiel für eine Lösung:*
Kristina ist aufgeregt, weil das Sprayen nicht so einfach ist. Es ist anders als das Malen mit Bleistift und man kann nicht radieren.

Seite 65

4 Kristina bewundert die Jungen. Kristina kann gut malen. Kristina ist eine Anfängerin. Sie findet das Sprayen schwierig.

5 *Beispiel für eine Lösung:*
Sie sind nachts unterwegs, weil dann keine Leute mehr im Parkhaus sind. Sie wollen nicht gesehen werden, denn das Sprayen ist ja verboten.

7 ☒ Sie werden von mehreren Leuten und einem Hund verjagt.

8 **a.** Kristina ließ vor Schreck die Dose fallen und rannte wie verrückt los. (Zeilen 23–24)

8 **b.** Kristina ist erschrocken und panisch.

9 *Beispiel für eine Lösung:*
Ich bin so froh, dass sie uns nicht erwischt haben. Das war ganz schön knapp. Aber auch aufregend!

Seite 66

11 Die Jungen sind ☒ begeistert.

12 **a.** *Beispiel für eine Lösung:*
Kristina ist stolz auf ihr Zeichen. Sie fühlt sich gut, wenn sie es an einer Hauswand sieht. Sie ist glücklich, dass sie dazugehört.

12 **b.** „Die Jungen klatschten begeistert Beifall und Kristina hatte das Gefühl, dass sie jetzt wirklich dazugehörte." (Zeilen 39–41)
„Kristina fühlte sich richtig gut, wenn sie daran vorbeikam." (Zeile 46)

Seite 67

14 *Beispiel für eine Lösung:*
Hallo Lisa, du fragst, warum ich das überhaupt mache. Ich weiß, dass das Sprayen gefährlich ist. Aber es ist echt aufregend, abends mit den Jungen unterwegs zu sein. Endlich ist mein Leben nicht mehr so langweilig und es passiert etwas. Wenn ich mein Zeichen spraye, ist das ein tolles Gefühl. Ich passe schon auf, dass ich nicht erwischt werde! Bis bald, deine Kris

Seite 69

3 Olli, Hendrik, Vivi, Mone, Metan, Sven

4 *Mögliche Aussagen:* B und C
B kann z. B. damit begründet werden, dass anfangs alle begeistert mitmachen, es witzig finden und der Beste sein wollen.
C kann z. B. damit begründet werden, dass Olli sich nicht an die Vereinbarung hält und die anderen nur lachen, als Metan protestiert und um Hilfe ruft.

Seite 70

5 **a.**

	Vivi	Olli
Er/Sie handelt verantwortungsbewusst.	×	
Er/Sie handelt verantwortungslos.		×
Er/Sie will sich durchsetzen.		×
Er/Sie will, dass Abmachungen eingehalten werden.	×	
Er/Sie denkt nicht nach.		×
Er/Sie ist ängstlich.	×	

5 **b.** Olli handelt verantwortungslos, denn er zieht Metan viel zu hoch und reagiert nicht auf Metans Hilferufe. (Zeile 43 ff.) Olli will sich durchsetzen, denn er schubst Vivi von der Steuerung weg und hört nicht auf sie. (Zeile 43)
Vivi will, dass Abmachungen eingehalten werden. Sie erinnert Olli an die Abmachung, dass „Stopp" bedeutet aufzuhören. (Zeile 50 f.)
Olli denkt nicht nach, denn er bekommt nicht mit, dass die Situation für Metan wirklich gefährlich wird. (Zeile 52)
Vivi ist ängstlich und befürchtet, dass Metan sterben könnte, wenn er aus zehn Metern Höhe abstürzt. (Zeile 53 ff.)

6 *Beispiel* für Lösungen:
Er ist vielleicht eifersüchtig auf Metan, weil Sven gesagt hat, dass Metan der Beste sei. Er will besonders witzig sein, denn er tut so, als hätte er nicht gehört, dass Metan „Stopp" gesagt hat, und die anderen lachen darüber. Er will im Mittelpunkt stehen, denn er versucht von Anfang an, Vivi von der Steuerung wegzudrängen.

7 Am Anfang ist Vivi begeistert von ihrer Idee, die Jungen an dem Kranhaken an die Decke zu ziehen („super", Zeile 8; „Wir jubeln und schütteln uns vor Lachen", Zeile 11).
Nach den ersten positiven Versuchen ist Vivi noch immer begeistert, bekommt aber bei Metan, der in einer enormen Höhe hängt, ein mulmiges Gefühl und möchte den Versuch eigenmächtig beenden. (Zeile 40 ff.)
Am Ende wird Vivi richtig panisch und hat Angst, dass Metan abstürzen könnte. (Zeile 53 ff.)

9 *Achte beim Verfassen des Tagebucheintrags von Vivi oder Olli darauf, dass die dargestellten Gedanken und Gefühle zu deinen Ergebnissen aus den vorherigen Aufgaben passen.*

Seite 71

1

Lebewesen	Gegenstände	etwas, das wir fühlen, denken, uns vorstellen
die Touristen	ein Bärenkostüm	eine Sehenswürdigkeit
die Tauben	der Platz	die Aufmerksamkeit
eine Frau, ein Mann	das Wappentier	die Stimmung
die Menschen		

2 **b.** der Tourist, die Taube, der Mensch

Seite 72

1 **a.** Wir sind mit einem typischen gelben Doppeldeckerbus gefahren. Von oben haben wir den Verkehr auf der breiten Straße beobachtet. Wir haben Museen und berühmte, alte Gebäude gesehen, zum Beispiel die Staatsoper und die Humboldt-Universität. Dann waren wir am Alexanderplatz und standen vor dem hohen, grauen Fernsehturm. Er ist 368 Meter hoch. In der Kugel gibt es eine Aussichtsplattform und ein besonderes Restaurant. Es dreht sich.

1 **b.** der Doppeldeckerbus: typisch, gelb
die Gebäude: berühmt, alt
der Fernsehturm: hoch, grau

2 *Beispiel für Lösungen:*
Berlin ist eine große Stadt. Mir gefallen die berühmten Gebäude. Vom Fernsehturm hatten Oma, Opa und ich einen fantastischen Blick über die ganze Stadt.

Seite 73

1 erlebt, beobachtet, fahrt, schwebt, steigt, schaut
seht, betrachtet, lauft, baut

2 ich schwebe – er schwebt – ihr schwebt – sie schweben; du baust etwas – sie baut etwas – wir bauen etwas – ihr baut etwas

3 *Beispiel für eine Lösung:*
Chiara und ihre Großeltern gehen in den Kienbergpark. Dort fahren sie mit der Natur-Bobbahn. Sie beobachten Wildpferde und füttern die Schafe. Zum Schluss schweben sie in der Seilbahn über den Park.

Seite 74

1 die Sonnenbrille – sie, das Obst – es, der Rucksack – er, die Fahrkarte – sie

2 Habe ich auch wirklich an alle meine Geschenke gedacht? Papa bekommt seine Lieblingsschokolade. Mama bekommt ihre Lieblingsseife. Lukas schenke ich den lustigen Berlin-Magneten. Der passt in seine Sammlung. Die Postkarten von Berlin hänge ich an meine Fotowand.

Seite 75

1 **a., b.** In Berlin fließt ein großer Fluss. Er heißt Spree. Ich mache eine tolle Bootstour, um Berlin zu sehen. Ich mache sie aber nur bei schönem Wetter. Ein langer Stadtrundgang ist eine schöne Möglichkeit, Berlin zu entdecken. Er führt zu den wichtigsten Attraktionen der Stadt. Man kann in Berlin auch eine spannende Stadtrundfahrt mit einem Bus machen. Ich finde sie mit dem coolen Doppeldeckerbus super!

2 **b.** fließt – fließen, heißt – heißen, mache – machen, ist – sein, führt – führen, kann – können, finde – finden

Seite 76

1 Wer trainiert mit den Seelöwen? **Der Tierpfleger** trainiert mit den Seelöwen.
Durch wessen Reifen springt der Seelöwe? Der Seelöwe springt durch den Reifen **des Tierpflegers**.
Wen belohnt er mit einem Fisch? Er belohnt **den Seelöwen** mit einem Fisch.
Wem gibt der Seelöwe einen Kuss? Der Seelöwe gibt **dem Tierpfleger** einen Kuss.

2 Chiara hat der Show gespannt zugeschaut. Sie wird den schönen Tag nie vergessen. Sie hat den Tieren laut applaudiert. Zu Hause wird sie den Freundinnen alles ganz genau berichten. Begeistert erzählt sie von der Fütterung der kleinen Seelöwen.

Seite 77

1 **Tobi:** Hallo Leute! Warum kommt ihr in diese Halle?
Murat: Also, ich treffe hier meine Freunde. Wir üben Saltos oder spielen auf dem Trampolin Basketball.
Kim: Ich bin heute zum dritten Mal hier. Ich springe am liebsten hoch und lande in den Schaumstoffwürfeln.
Sascha: Wir springen um die Wette oder hangeln uns durch den Parcours. Das Gute ist, dass du immer weich fällst.

2 wir sehen – sie sieht, wir nehmen – sie nimmt, wir laufen – sie läuft, wir fallen – sie fällt

3 Kim läuft die Wände hoch. Sie fällt in die Luftkissen. Kim übt einen Salto. Sie nimmt die Springsocken mit. Kim sieht ihre Freunde.

Seite 78

1 **Murat:** Ich habe gestern zum ersten Mal einen Salto geschafft.
Elena: Wir sind hoch gesprungen und haben uns mit den Bällen abgeworfen.
Murat: Wir sind im Parcours über die Hindernisse gehüpft und geklettert. Ich bin oft in den weichen Würfeln gelandet.

2

Infinitiv	Perfekt
springen	ich bin gesprungen
fliegen	ich bin geflogen
landen	ich bin gelandet
gehen	ich bin gegangen

3 *Beispiel für eine Lösung:*
Ich bin immer wieder in die Luftkissen geflogen.
Ich bin mit meinen Freunden ins Café gegangen.

Seite 79

1 Tilo tapeziert mit seinem Vater sein Zimmer.

2

Infinitiv	Präteritum
helfen	er half
abreißen	wir rissen ab
zuschneiden	er schnitt zu
auftragen	ich trug auf
stehen	ich stand
glattstreichen	ich strich glatt

Seite 80

3 fahren – er fahrt – er fuhr, abkleben – er klebt ab – er klebte ab, nehmen – sie nimmt – sie nahm, sprechen – sie spricht – sie sprach, haben – sie hat – sie hatte

4 **b.** zum Baumarkt fahren, mit dem Verkäufer sprechen, drei Eimer Wandfarbe mitnehmen, Pinsel und Rollen zu Hause haben, die Fensterrahmen mit Kreppband abkleben, die Wände hellgrün streichen

5 *Beispiel für eine Lösung:*
Zuerst fuhr ich mit meinem Bruder zum Baumarkt. Wir sprachen mit dem Verkäufer und er zeigte uns die Wandfarben. Das Hellgrün gefiel mir am besten. Wir nahmen drei Eimer Farbe mit. Pinsel und Rollen hatten wir noch zu Hause im Keller. Ich klebte die Fensterrahmen mit Kreppband ab. Dann strichen wir die Wände hellgrün. Am Abend waren wir fertig. Es sah alles sehr gut aus.

Seite 81

1 **a.** Moni und Julius bauen im Rahmen der Projektwoche Holzkisten nach folgender Anleitung:

Zuerst überträgt Moni die Schablonen auf das Holz. Dann sägt Julius die fünf Holzplatten aus. Anschließend leimen die beiden die Platten zusammen. Zuletzt fixieren sie die Kiste mit Schraubzwingen, bis sie getrocknet ist.

1 **b., c.** Moni und Julius bauen, Moni überträgt, Julius sägt, die beiden leimen, sie fixieren

2 **a.** Wir werden die Kisten mit Aufklebern bekleben. Wir werden die Kisten mit Farben bemalen. Wir werden die Kisten mit lustigen Sprüchen beschriften. Wir werden die Kisten mit Kresse bepflanzen.

Seite 82

1 Ich legte mir die Holzplatte auf dem Werktisch zurecht. Dann suchte ich eine Säge aus. Ich begann, genau auf der Linie zu sägen. Auf einmal passierte es: Ich sägte mir in den Zeigefinger. Der Finger blutete stark. Meine Lehrerin verband mir den Finger.

2 **a., b.** *Plusquamperfekt unterstrichen, Präteritum markiert*
Nachdem ich einen Verband bekommen hatte, blutete der Finger immer noch stark weiter. Da war der Projekttag für mich zu Ende. Die Lehrerin rief meine Eltern an. Nachdem meine Mutter mich abgeholt hatte, fuhren wir ins Krankenhaus. Als wir dort ankamen, hatten wir noch lange zu warten. Dann kam endlich der Arzt und behandelte mich.

Seite 83

1 Paula recherchiert im Internet. Anton sucht passende Fotos. Nuria zeichnet eine Mind-Map.

2 Paula notiert Stichworte auf einer Karteikarte. Anton ordnet die Notizen. Nuria formuliert eine Einleitung. Anton holt drei Brötchen aus der Cafeteria.

Seite 84

1 Anton trägt die Einleitung und den Schluss vor.
Paula beschreibt den Wasserfall Gullfoss und den Wasserfall Dettifoss.
Nuria zeigt eine Landkarte von Island und Fotos von den beiden Wasserfällen.

2 Paula trägt die Einleitung vor.
Nuria beschreibt den Wasserfall Gullfoss in Island.
Anton zeigt eine Landkarte von Island.
Dann beschreibt Anton den Wasserfall Dettifoss.
Nuria zeigt Fotos von den beiden Wasserfällen.
Den Schluss trägt Paula vor.

Seite 85

1 **Wem** schlägt Anton eine Reise nach Island vor? der ganzen Klasse
Wem gefällt der Vorschlag? dem Klassenlehrer

2 *Beispiel für Lösungen:*
Das Thema hat mir gut gefallen.
Die Fotos haben allen gut gefallen.
Der Vortrag hat Tim nicht gefallen.
Die Musik hat Lena nicht gefallen.

Seite 86

1 **Wann** kommen viele Besucher? Im Sommer kommen viele Besucher zum Gullfoss.
Wohin führt ein Wanderweg? Ein schmaler Wanderweg führt zu einer Felsplattform.

2 Von November bis Februar fällt in Island meist viel Schnee. Den Gullfoss kann man auch im Winter besuchen. Dann stürzt das Wasser durch eine Eisschicht in die Tiefe.

Seite 87

2 *Beispiel für eine Lösung:*
Der Wasserfall Seljalandsfoss
Der Seljalandsfoss liegt im Süden von Island. Der Wasserfall stürzt über eine Felskante hinab. In einem kleinen See sammelt sich das Wasser. Hinter dem Wasserfall führt ein rutschiger Weg entlang. Alle Besucher fotografieren den Wasserfall. In den Abendstunden kommen die meisten Leute.

Seite 88

2 **a.** bis **c.**

Vorfeld	linkes Verbfeld	Mittelfeld	rechtes Verbfeld
Ein Mann mit blauem Helm	klettert	durch eine Felsspalte.	
Zwei Frauen mit grünem Helm	rutschen	den Wasserfall	hinunter.
Ein Mann mit lilafarbener Badehose	springt	von der Klippe.	
Eine Frau mit Taucherbrille	schwimmt	durch das Wasser.	
Eine Frau mit blauem Neoprenanzug	liegt	auf der Klippe.	
Ein Mann mit rotem Helm	trinkt	Wasser.	

3 Ein Mann mit blauem Helm klettert durch eine Felsspalte. Den Wasserfall rutschen zwei Frauen mit grünem Helm hinunter. Von der Klippe springt ein Mann mit lilafarbener Badehose. Eine Frau mit Taucherbrille schwimmt durch das Wasser.

Seite 89

4 *Wer?* / *Was tut?*
Luis und Cem tragen einen Neoprenanzug und Schuhe. **Der Bergführer** gibt ihnen noch einen Gurt und einen Helm. **Luis und Cem** schwimmen zuerst durch einen Fluss. **Sie** rutschen einen Wasserfall hinunter. **Der Führer** seilt Luis und Cem von der Klippe ab. **Sie** klettern über Felsen. **Luis** springt von der nächsten Klippe.

5 Was tragen Luis und Cem? Einen Neoprenanzug und Schuhe. Wem gibt der Bergführer noch einen Gurt und einen Helm? Ihnen. Was rutschen sie hinunter? Einen Wasserfall. Wen seilt der Führer von der Klippe ab? Luis und Cem.

6 **a., b.**
Wir trugen einen Neoprenanzug und einen Helm. (Akkusativ-Objekt)
Cem und ich rutschten durch Wasserfälle. (adverbiale Bestimmung des Ortes)
Wir sprangen von Felsklippen. (adverbiale Bestimmung des Ortes)

Seite 90

1 **a.** Wann ist Ramon nach Brasilien geflogen? Wie lange dauerte der Flug? Wann hat sein Onkel ihn abgeholt? Wie lange hat Ramon bei ihm gewohnt?

1 **b.** Letztes Jahr bin ich nach Brasilien geflogen. Das Land liegt in Südamerika. Der Flug dauerte zwölf Stunden. Nach der Ankunft hat mein Onkel mich abgeholt. Ich habe drei Wochen bei ihm gewohnt.

2 **a.** Wo war Ramon letztes Jahr?
Wo liegt das Land?
Wohin ist er mit seinem Onkel gefahren?
Wo liegen die Wasserfälle?

2 **b.** Letztes Jahr bin ich nach Brasilien geflogen. Das Land liegt in Südamerika. Mein Onkel ist mit mir zu den Iguazú Wasserfällen gefahren. Die Wasserfälle liegen auf der Grenze zwischen Argentinien und Brasilien.

Seite 91

1 Die Klassenlehrerin stellt viele Berufe vor und Chiara schreibt sich einige Berufe auf. (Zeilen 1–2)

2 Die Lehrerin erklärt: „Die Materialhefte geben euch weitere Informationen oder ihr recherchiert im Internet." (Zeilen 2–3)

3 Sie interessiert sich auch für ein Praktikum als Friseurin, aber leider hat sie eine Allergie gegen einige Duftstoffe. (Zeilen 5–6)
Chiaras Onkel bietet ihr einen Praktikumsplatz in seiner Bäckerei an, aber der Weg ist für Chiara zu weit. (Zeilen 7–8)

4 **a.** Chiara ist kreativ und Kreativität ist für die Arbeit als Floristin wichtig. Luka macht ein Praktikum im Altenheim oder er bewirbt sich im Kindergarten.

4 **b.** Chiara verkauft gern Blumen, aber das lange Stehen findet sie anstrengend. Luka mag die Arbeit mit Menschen, aber das Aufräumen gefällt ihm nicht.

Seite 92

1 Ich höre alten Menschen gerne zu, weil sie spannende Geschichten erzählen. Außerdem kann ich gut mit Menschen umgehen, weil ich geduldig und höflich bin.

2 Ich mache mein Praktikum als Floristin, weil ich kreative Arbeiten mag. Ich kann Blumensträuße zusammenstellen, weil ich ein gutes Auge für Farben habe. Ich fege sogar gern den Laden, weil mir Sauberkeit wichtig ist.

3 *Beispiel* für Lösungen:
Das Praktikum hat mir gut gefallen, weil die Kollegen sehr nett waren. Die Arbeit war auch langweilig, weil ich zuerst viel zusehen musste.

Seite 93

1 **a., b.**
gelb: wenn du die Zutaten genau abwiegst. Wenn bei der Garprobe kein Teig am Stäbchen haftet
orange: damit der Teig beim Backen nicht überläuft. damit du die Garprobe rechtzeitig machen kannst.

2 Ich fülle die Förmchen nur halb, damit der Teig beim Backen nicht überläuft. Ich hole die Muffins aus dem Ofen, wenn bei der Garprobe kein Teig am Stäbchen haften bleibt.

3 Hanno verziert die Muffins mit Zuckerguss, wenn sie etwas abgekühlt sind. Er bestreicht einige Muffins mit Glasur, damit sie schön glänzen. Hanno säubert die Arbeitsflächen, wenn alle Arbeiten erledigt sind.

Seite 94

1 **a.** bis **c.**
Ich mag Autos und ich würde gerne mehr über ihre Reparaturen erlernen. Der Beruf des Kochs würde mich interessieren, denn das Zubereiten von Gerichten macht mir großen Spaß. In einer Konditorei würde mich die Herstellung von Torten interessieren, doch ich bin nicht so kreativ. Friseur ist auch ein spannender Beruf, aber ich kann nicht so gut über mehrere Stunden an einer Stelle stehen. Ich begeistere mich für die Gartenarbeit oder der Landschaftsbau würde mich interessieren.

2 Deine Wahl für den Beruf des Mechatronikers ist richtig, wenn du dich für Autos und Elektronik interessierst. Vielleicht solltest du es mit dem Praktikum beim Friseur lieber lassen, bevor du vom Stehen Probleme mit deinem Rücken bekommst. Ein Praktikum in einer Gärtnerei ist schlau, weil du später deine Gartenarbeit selber professionell machen kannst. Ich finde die Idee, Erfahrungen beim Koch zu sammeln, gut, damit du uns später zum selbst gekochten Essen einladen kannst.

Seite 95

1 **b.** Lawinensuchhunde kommen zum Einsatz, nachdem Menschen durch Lawinen aus Schnee oder Geröll verschüttet worden sind.

2 **a., b.** Lawinensuchhunde kommen zum Einsatz, nachdem Menschen durch Lawinen aus Schnee oder Geröll verschüttet worden sind. Sie absolvieren eine spezielle Ausbildung, damit sie die besonderen Aufgaben in den Bergen lernen. Der Transport mit Hubschrauber, Sessellift und Pistenfahrzeug muss trainiert werden, damit der Hund lernt, seinen Ski fahrenden Hundeführer zu begleiten. Am Ende können die Hunde schließlich vermisste Personen finden und sich zu ihnen durchgraben, obwohl die Schneeschicht mehrere Meter dick ist.

3 **a., b.** Eine Person versteckt sich in einem Schneeloch, damit der Rettungshund das Suchen üben kann. Der Rettungshund bellt und beginnt zu graben, nachdem er den Vermissten gefunden hat. Zur Belohnung spielt der Hundeführer nach dem Vermisstenfund mit dem Hund, damit der Lawinensuchhund Spaß beim Üben und Suchen hat. Für Rettungshunde ist die Suche ein Spiel, obwohl es für die Menschen ums Überleben geht.

3 **c.** Damit der Rettungshund das Suchen üben kann, versteckt sich eine Person in einem Schneeloch. Nachdem er den Vermissten gefunden hat, bellt der Rettungshund und beginnt zu graben. Damit der Lawinensuchhund Spaß beim Üben und Suchen hat, spielt der Hundeführer nach dem Vermisstenfund zur Belohnung mit ihm. Obwohl es für die Menschen ums Überleben geht, ist die Suche für Rettungshunde ein Spiel.

Seite 96

1 die Freunde, unheimlich, die Gemütlichkeit, grillen, die Busreise

2 **a., b.**

zwei Silben	drei Silben	vier Silben
Klasse	Mitschüler	Taschenlampe
allein	gemütlich	Lagerfeuer

Seite 97

1 **b.** gelb: eine gelbe Blume, taub: das taube Ohr
gesund: das gesunde Essen, weit, ein weiter Weg
klug: ein kluger Mensch, wichtig: eine wichtige Nachricht

2 **b.** und **c.** *Beispiel für Lösungen:*
das trübe Wetter, also: trüb
der halbe Kuchen, also: halb
der fremde Gast, also: fremd
das breite Sofa, also: breit
die wütende Autofahrerin, also: wütend
das billige Fahrrad, also: billig
die lustige Geschichte, also: lustig

3 *Beispiel für Lösungen:*
Das Wetter ist wieder einmal trüb. Lisa wird den wichtigen Termin nicht verpassen. Die gelbe Blume duftete. Die Geschichte war nicht lustig.

Seite 98

1 Zeile 1: auffälligen, Stoßzähne;
Zeile 4: Dickhäuter; Zeile 5: Gräser, Bäume;
Zeile 6: Säugetier; Zeile 7: gefährdet, Jäger;
Zeile 10: Ländern

2 auffälligen – auffallen, die Stoßzähne – der Zahn, die Gräser – das Gras, gefährdet – die Gefahr, der Jäger – jagen, die Länder – das Land
die Dickhäuter – die Haut, die Bäume – der Baum, das Säugetier – saugen

Seite 99

1 Ich begeistere mich für den **König** der Tiere und sein Leben im **Nationalpark.**
Ich interessiere mich für das Leben der **Riesenschildkröten** am **Strand** der Galapagosinseln.
Ich finde es **spannend** zu erforschen, ob es einen **Zusammenhang** zwischen der Wassertemperatur und dem Fischsterben **gibt.**

2 **a. bis c.**
der Stran? + die Muschel → die Strände → die Stran**d**muschel
der We? + die Beschreibung → die Wege → die We**g**beschreibung
die Fabri? + die Halle → die Fabriken → die Fabri**k**halle
der Aben? + das Essen → die Abende → das Aben**d**essen
der Die? + der Stahl → die Diebe → der Die**b**stahl

Seite 100

1 **a., b.** lächeln – denn: das Lachen,
Räume – denn: der Raum,
der Wächter – denn: bewachen,
die Räder – denn: das Rad,
ängstlich – denn: die Angst,
schäumen – denn: der Schaum,
die Läuse – denn: die Laus

1 **c.** *Beispiel für eine Lösung:*
Die Seife schäumt. Die Räume in der Schule sind hell. Im Urlaub leihen wir uns Räder aus.

2 **a.** kräftigen (die Kraft), gezählt (die Zahl), Jäger (jagen), Lebensräume (der Lebensraum), Städten (die Stadt), Bäume (der Baum), gefährlich (die Gefahr), kämpfen (der Kampf), täglich (der Tag), Bestände (der Bestand)

Seite 101

1 beobachen
Wir beobachten die Vögel mit dem Fernglas.
ungemütich
Am Bahnhof ist es ungemütlich und kalt.
Klassnfoto
Auf dem Klassenfoto fehlt leider unser Schulhund.

2 der taube Hund
Unser Hund tut manchmal so, als wäre er taub.
ein wilder Hund
Mein Hund ist wild, aber gehorsam.
die klugen Tiere
Elefanten sind klug und sehr sozial.

Seite 102

3 das Blatt → die Blätter
Im Herbst sammeln wir Blätter zum Basteln.
die Kraft → kräftiger
Auf der Insel weht ein kräftiger Wind.
der Strauß → Blumensträuße
Der Florist stellt Blumensträuße zusammen.

4 nehmen → unternehmen
In den Ferien unternehmen wir viel.
wählen → ausgewählt
Sie hat ihre Lieblingsfarben ausgewählt.
fahren → Klassenfahrt
Die Klassenfahrt war großartig.
die Zahl → bezahlt
Mein Opa hat die Eintrittskarten bezahlt.

Seite 103

5 **b.** Checkpunkt 1: Pflanzenfresser, Tierarten
Checkpunkt 2: gelb
Checkpunkt 3: Männchen (der Mann), Landsäugetiere (saugen), gefährdete (die Gefahr)
Checkpunkt 4: Anzahl

Seite 104/105

1 **a., b.** In Deutschland gibt es viele Tierarten, die vom Aussterben bedroht sind.
Besonders Schmetterlinge, wild lebende Bienen und andere Insekten sind gefährdet.
Fast die Hälfte aller Insekten wird als gefährdet eingestuft. Zudem sind Insekten Nahrungsgrundlage für viele weitere Tierarten, zum Beispiel ernähren sich Vögel oder Igel von ihnen.
Ohne Insekten könnten wir nicht überleben, sie sind wichtig für die Bestäubung der Pflanzen.

Seite 105

2 **a., b.** Aussterben (Checkpunkt 1), Nektar (Checkpunkt 5), Wildblumen (Checkpunkt 2), Flächen (Checkpunkt 3), Blumen (Checkpunkt 5), Schmetterlinge (Checkpunkt 1), Unkräuter (Checkpunkt 3), verbleiben (Checkpunkt 4), insektenfreundliche (Checkpunkt 3), Winterquartiere (Checkpunkt 4)

Seite 108

1 Die Pferde mussten früher schwere Lasten tragen und Wagen ziehen.

2 Lasten tragen, Wagen ziehen, Fußball spielen, Tennis spielen, Rad fahren, Freude bereiten

3 Wer fit sein möchte, sollte regelmäßig Sport treiben. Sobald der erste Schnee liegt, wollen viele Ski laufen oder Schlitten fahren. Rad fahren ist besser für die Umwelt als Auto fahren.

Seite 109

1 Die Hengste werden eingefangen und versteigert, damit sich die Pferde nicht unbeschränkt vermehren.

2 *Nomen + Verb:* Not leiden; Schlange stehen
Verb + Verb: laufen lassen; entgehen lassen
Wortgruppe mit sein: allein sein; dabei sein

3 Wortgruppen aus Nomen + Verb, aus Verb + Verb sowie Wortgruppen mit sein schreibt man in der Regel getrennt.

Seite 110

1 Steffi wünscht sich, dass auch sie einen interessanten Ausbildungsplatz findet.

3 Es ist sehr wichtig, dass man auf Sauberkeit achtet. Ich denke, dass man freundlich und geduldig sein sollte. Ich hoffe, dass ich immer nette Kollegen haben werde.

Seite 111

1 Der Maurerberuf wird meistens draußen ausgeübt.

2 Er denkt, dass der Beruf des Maurers ganz interessant sein könnte. Auf einer Baustelle erfährt Sandro, dass die Tätigkeit sehr abwechslungsreich ist. Dabei muss der Maurer sehr sorgfältig arbeiten und alles mit Wasserwaage und Lot prüfen, weil das Haus sonst schief wird. Sandro weiß, dass er bei Wind und Wetter draußen arbeiten muss. Weil er körperliche Belastung mag, informiert er sich über den Verdienst. Außerdem teilt ihm der Unternehmer mit, dass man die Meisterprüfung ablegen und sich selbstständig machen kann.

3 Sandro glaubt, dass der Beruf des Maurers ganz interessant sein könnte.

Seite 112

1 Ole hat das Schwimmen als Hobby.

2 zum Spielen, das Schwimmen, beim Beobachten

3 das Schöne, etwas Interessantes, viel Neues

4 *Beispiel für Lösungen:*
Hey Leute, ich habe etwas Unglaubliches zu erzählen.
Auf der Reise hat Piet viel Schönes gesehen.
Nuria hat sich beim Basteln in den Finger geschnitten.

Seite 113

1 Nadja wünscht sich, dass in der Welt nichts Schlimmes passiert.

2 **a.** *nominalisierte Verben:* zum Angeln, Beim Chillen, das Baden, beim Träumen

2 **b.** *nominalisierte Adjektive:* etwas Leckeres, viel Neues, nichts Schlimmes, Das Gute

3 *Beispiel für eine Lösung:*
zum Essen, beim Gehen, das Sitzen, zum Schwimmen, beim Lesen

4 Das Schöne am Bodensee ist das Wasser. Das Ufer ist flach, sodass nichts Schlimmes passieren kann. Es gibt dort auch viel Interessantes zu besichtigen.

Seite 114

1 Oleg möchte gern beim Fußball mitspielen.

2 Es jubeln **die Zuschauer**, die zu seiner Mannschaft halten. Am Spielfeldrand steht auch **Oleg**, der neu in der Stadt ist. Er möchte gern mitspielen und fragt **den Schiedsrichter**, der gerade zur Halbzeit pfeift. „Klar", antwortet der Schiri, „sprich mal **die Betreuerin** an, die da vorne steht." Er trägt **das Trikot**, das die Betreuerin ihm gegeben hat.

3 Auf dem Sportplatz treffen sich **die Jungen,** die im Stadtteil wohnen. Oleg freut sich über **das Trikot,** das die Betreuerin ihm gegeben hat.

Seite 115

1 **a., b.** Mit ihren Handys, die immer eingeschaltet sind, stehen sie auch sonst in dauerndem Kontakt. Sie chatten über viele Dinge, die für ihre Gruppe eine Bedeutung haben. Auch Themen, die für ihre Eltern tabu sind, werden besprochen. Wenn wir früher wichtige Nachrichten hatten, die niemand finden sollte, schrieben wir diese auf kleine Zettel. Die packten wir in eine Dose, die wir an einem geheimen Ort vergruben.

2 **a.** Die Nachrichten, die geheim sind, wurden früher auf Zettel geschrieben.

2 **b.** Auf Zettel wurden früher die Nachrichten geschrieben, die geheim sind.

Seite 116

1 Die Bergwacht bringt die Verletzten ins Krankenhaus.

2 die Bayerischen Alpen, die Tiroler Alpen, das Rote Kreuz

3 Bei Katastrophen hilft auch das Technische Hilfswerk.
Die Türkei grenzt im Norden an das Schwarze Meer.
Eine Sehenswürdigkeit in Berlin ist das Brandenburger Tor.

Seite 117

1 Die Jugendherberge liegt in Bayerisch Eisenstein.

2 **a., b.** der Bayerische Wald, der Grüne Knollenblätterpilz, Bayerisch Eisenstein *(ohne Artikel)*, der Große Arber, die Tschechische Republik

3 **a., b.** *geografische Eigennamen:* der Bayerische Wald, Bayerisch Eisenstein, der Große Arber, die Tschechische Republik, das Tote Meer
andere Eigennamen: der Grüne Knollenblätterpilz, die Gelben Seiten, das Fleißige Lieschen, der Schwarze Tod

Seite 118

1 Mario kann tolle Geschichten erzählen.

2 sehr, die Lehrer, die Zahlen, erzählen, die Sahne, ihre, der Fehler

3 fahren: die Klassenfahrt, er fährt, abfahren, vorfahren
nehmen: sie nahm, abnehmen, die Ausnahme, vornehmen
fehlen: der Tippfehler, gefehlt, befehlen, es fehlte

Seite 119

1 **a., b.** gähnend, die Schuhe, die Reihe, fehlen, die Ruhe, stehlen, die Sohle, die Belohnung

2 **a., b.** und **3**

Wörter mit silbenöffnendem h	Wörter mit Dehnungs-h
die Schuhe, die Reihe, die Ruhe, die Flöhe, drehen, blühen	gähnend, fehlen, stehlen, die Sohle, die Belohnung, die Bohne, bohren, befehlen

7

D wie Deutsch

Arbeitsheft
Basis mit zusätzlicher Förderung

Herausgegeben von Dorothee Braun und Renate Teepe

Erarbeitet von
Ulrich Deters, Beate Hallmann, Sandra Heidmann-Weiß, Michaela Krauß, Corinna Landmann, Ricarda Lohrsträter, Mona Miethke-Frahm, Elisabeth Schäpers, Isabel Tebarth, Barbara Wohlrab

Cornelsen

Neben diesem Arbeitsheft gibt es das Arbeitsheft Basis und Plus – mit und ohne interaktive Übungen.

Textquellen:
S. 50–52: Kopisch, August: Die Heinzelmännchen (verkürzt). In: Die Heinzelmännchen zu Köln. Emons, Köln 2007. **S. 53–55:** Heine, Heinrich: Die Launen der Verliebten (verkürzt). In: Heinrich Heine: Werke und Briefe in zehn Bänden. Band 2, Berlin und Weimar 1972. Erstdruck in: Vermischte Schriften, Hamburg (Hoffmann und Campe) 1854, S. 178–180. **S. 57–58:** Schiller, Friedrich: Der Handschuh. In: Gerhard Fricke/Herbert Göpfert/Herbert Stubenrauch (Hrsg.): Friedrich Schiller: Sämtliche Werke. Carl Hanser Verlag, München 1958. **S. 62–63:** Philipps, Carolin: Die Mutprobe, light-Ausgabe (Textauszug, verkürzt und leicht verändert). Hase und Igel Verlag, Garching bei München © 2003/2007, 4. Auflage 2007, S. 7–8. **S. 64–66:** Philipps, Carolin: Die Mutprobe, Originalausgabe (Textauszug, verkürzt). Hase und Igel Verlag, Garching bei München © 2001, 9. Auflage 2010, S. 36–40. **S. 68–69:** Dunker, Kristina: Helden der City (Textauszug, verkürzt). Würzburg, Arena Verlag 2016.

Bildquellen:
Soweit in diesem Lehrwerk Personen fotografisch abgebildet sind und ihnen von der Redaktion fiktive Namen, Berufe, Dialoge und Ähnliches zugeordnet oder diese Personen in bestimmte Kontexte gesetzt werden, dienen diese Zuordnungen und Darstellungen ausschließlich der Veranschaulichung und dem besseren Verständnis des Inhalts.

S. 3 (1), **8**: Shutterstock/Kira_Yan; **S. 3** Mitte, **41** (1): mauritius images/Naturfoto-Online/Alamy; **S. 6**: Dawid Kalisinski/Panther Media GmbH; **S. 12**: stock.adobe.com/NataSnow; **S. 37** (1): Shutterstock/Kerrin Ingwersen; **S. 37** (2), **38**: stock.adobe.com/sushi1964; **S. 41** (2): mauritius images/Novarc Images, (3) stock.adobe.com/choucashoot; **S. 42**: stock.adobe.com/Tanja Thomssen; **S. 45** (1): stock.adobe.com/Jenny Sturm, (2) stock.adobe.com/ahua; **S. 46** (1): stock.adobe.com/Hans und Christa Ede, (2) stock.adobe.com/Michael Eichhammer; **S. 47** (1): stock.adobe.com/sebgsh, (2) INTERFOTO/K.H. Jacobi, (3) stock.adobe.com/Friedrich Hartl; **S. 71**: stock.adobe.com/ArTo; **S. 72**: mauritius images/Debu55y/Alamy; **S. 75**: stock.adobe.com/Maren Winter; **S. 76**: Shutterstock/niindo; **S. 85**: Shutterstock/Case60; **S. 86**: Shutterstock/lenggirl; **S. 87**: Shutterstock/Freigeister; **S. 90**: INTERFOTO/David Wall; **S. 92**: Shutterstock/Fusionstudio; **S. 93**: Shutterstock/dotshock; **S. 95**: imago stock&people; **S. 98, 106**: mauritius images/robertharding; **S. 103**: mauritius images/nature picture library; **S. 105**: stock.adobe.com/Pavel; **S. 107**: stock.adobe.com/Foto-Ruhrgebiet; **S. 108**: stock.adobe.com/contrastwerkstatt; **S. 109**: stock.adobe.com/kathomenden; **S. 110**: philipimage/Panther Media GmbH; **S. 111**: stock.adobe.com/Hoda Bogdan; **S. 112**: stock.adobe.com/Gabriele Rohde; **S. 116**: Shutterstock/Laszlo66; **S. 117**: stock.adobe.com/vencav

Illustrationen:
Sylvia Graupner, Annaberg: S. 3, 62–67, 69; **Carsten Märtin**, Oldenburg: S. 96–102, 104;
Gregor Mecklenburg, Pinneberg: S. 3, 8, 11, 72–74, 77–84, 88–98, 91; **Matthias Pflügner**, Berlin: S. 3, 16, 18, 20–24;
Ulrike Selders, Köln: S. 3, 4, 26–32, 35–37, 39–40, 43, 48, 113–115, 118, 119; **Dorina Tessmann**, Berlin: S. 3, 50–58

Impressum

Redaktion: Susanne El-Gindi, Sandra Wuttke-Baschek
Umschlaggestaltung: Rosendahl Berlin, Berlin
Layout, Grafik und technische Umsetzung: Klein & Halm Grafikdesign, Berlin

www.cornelsen.de

Alle Drucke dieser Auflage sind inhaltlich unverändert
und können im Unterricht nebeneinander verwendet werden.

Druck: AZ Druck und Datentechnik GmbH, Kempten

1. Auflage, 3. Druck 2023
Arbeitsheft Basis mit zusätzlicher Förderung

ISBN 978-3-06-200026-3

1. Auflage, 2. Druck 2021
Arbeitsheft Basis mit zusätzlicher Förderung
mit interaktiven Übungen
ISBN 978-3-06-200048-5

PEFC
PEFC/04-31-2260
PEFC-zertifiziert
Dieses Produkt stammt aus nachhaltig bewirtschafteten Wäldern und kontrollierten Quellen
www.pefc.de

Das meine ich! – *schriftlich argumentieren*

In diesem Kapitel sammle ich Argumente zu einem Thema.
Ich sage meine Meinung und begründe sie mit wichtigen Argumenten.
Außerdem schreibe ich einen Beitrag für das Forum der Schule.

Argumente (Gründe) für und gegen eine Sache sammeln

In einer Tabelle kann ich Argumente (Gründe) **für** oder **gegen** eine Sache notieren.	*dafür*	*dagegen*
	Ein Schulhund bringt eine gute Stimmung in die Klasse.	*Einige Kinder haben Angst vor Hunden.*

Meine Meinung sagen und mit Argumenten begründen

Mit meiner Meinung sage ich, ob ich **für** oder **gegen** eine Sache bin. Ich begründe meine Meinung, um andere zu überzeugen. Die Argumente kann ich mit **weil** und **denn** einleiten.	*Ich finde einen Schulhund sinnvoll,* ***weil*** *er eine gute Stimmung in die Klasse bringt.* *Ich meine, dass ein Hund in der Klasse keine gute Idee ist,* ***denn*** *einige Kinder haben Angst vor Hunden.*

Einen Forumsbeitrag schreiben

Ich beachte die Form: das **Thema**, die **eigene Meinung**, die **Argumente** und **Beispiele**, den **Schluss** und den **Namen**.

das Thema, die Meinung — *Ich meine, dass ein Hund in der Klasse eine (keine) gute Idee ist, weil …*

Außerdem ist es für den Hund …
Aber mein wichtigstes Argument ist, dass …
Zum Beispiel … — die Argumente, die Beispiele

der Schluss — *Deshalb bin ich für (gegen) einen Hund in der Klasse.*

der Name — *Ina (Klasse 7a)*

Elefantenreiten für Touristen? – Argumente erkennen und ordnen

Elefanten sind Wildtiere. Doch sie werden auch als Reittiere für Touristen genutzt. Pia, Jason und Rina lesen einen Forumsbeitrag.

Frankie H. schreibt:

Im Urlaub sind wir als Gruppe auf Elefanten geritten. Das ist in Thailand und anderen Ländern Asiens eine Attraktion für viele Touristen. Wir saßen in einer Art Sessel auf dem Rücken der Elefanten. Wir sind auch am Strand entlanggeritten. Es war traumhaft und faszinierend! Manche Leute sagen, dass es für die Tiere eine Quälerei ist. Aber unser Elefantenführer hat seine Tiere offensichtlich gut behandelt.

1 Lies den Forumsbeitrag. Was weißt du nun über das Elefantenreiten? Markiere Schlüsselwörter.

Pia, Jason und Rina diskutieren über das Thema.

Pia: Auf einem Elefanten zu reiten und die Landschaft zu sehen, ist ein **echtes Erlebnis** für die Touristen.

Jason: Außerdem kann man **viel über die Elefanten lernen**. Das würde mir auch Spaß machen.

Rina: Ich finde das nicht in Ordnung. Elefanten sollten keine Touristenattraktion sein, denn sie **sind Wildtiere**. Sie **sollten in Freiheit leben**.

Pia: Aber die **Menschen verdienen** mit den Elefanten **ihr Geld zum Leben**. Und sie versorgen die Elefanten. Daran muss man auch denken.

Rina: Ich habe aber gelesen, dass die Elefanten **geschlagen werden**, damit sie gehorchen. Außerdem sind die Tiere **angekettet**, wenn sie gerade nicht arbeiten. Das ist **nicht artgerecht***.

Jason: Das wäre wirklich schlimm! Vielleicht gibt es Reiseveranstalter, die auf die **artgerechte Haltung** der Elefanten achten?

* artgerecht: auf das natürliche Verhalten der Tiere Rücksicht nehmend

2 Worüber diskutieren Pia, Jason und Rina? Kreuze an.

Sie diskutieren …
- ☐ über die Arbeit der Elefantenführer.
- ☐ über wilde Elefanten, die man beobachten kann.
- ☐ über Elefanten, auf denen Touristen reiten können.

**Die Freunde haben unterschiedliche Meinungen zum Elefantenreiten.
Sie nennen auch Argumente dafür und dagegen.**

3 Welche Meinung haben Pia, Jason und Rina zum Elefantenreiten? Kreuze an.

	Es ist für die Touristen toll.	Es ist für die Tiere nicht in Ordnung.	Es gibt Gründe dafür und dagegen.
Pia	☐	☐	☐
Jason	☐	☐	☐
Rina	☐	☐	☐

4 Mit welchen Argumenten begründen die Freunde ihre Meinung?
Tipp: Die Argumente sind im Gespräch blau hervorgehoben.
Schreibe die Argumente **für** und **gegen** Elefantenreiten in die Tabelle.

Argumente für Elefantenreiten	Argumente gegen Elefantenreiten
– echtes Erlebnis für Touristen	*– Wildtiere sollen in Freiheit leben*

5 Wie ist deine Meinung zu dem Thema? Kreuze an.

Meiner Meinung nach ist Elefantenreiten für Touristen …

☐ großartig. ☐ in Ordnung. ☐ nicht in Ordnung.

6 Welches Argument passt am besten zu deiner Meinung?
Markiere es in der Tabelle oben.

7 Schreibe deine Meinung auf und begründe sie mit einem Argument.

Ich finde Elefantenreiten für Touristen ______________________,

weil ______________________

______________________.

Ein Hund in der Klasse? – Meinungen begründen, einen Forumsbeitrag schreiben

Es gibt Schulklassen, in denen ein Hund im Unterricht dabei ist. Paul, Turan, Janina und Kira informieren sich über das Thema.

Im Internet haben sie folgende Voraussetzungen für den Einsatz eines Schulhundes gefunden:

- Es dürfen nur kinderfreundliche Rassen eingesetzt werden.
- Die Eltern müssen einverstanden sein.
- Der Hund und sein Halter sollten eine Ausbildung haben.
- Der Hund darf in der Schule nicht leiden.
- Die Schülerinnen und Schüler sind auf den Hund vorbereitet. Sie wissen zum Beispiel, wie sie den Hund anfassen dürfen.

1 Lies die Voraussetzungen für den Einsatz eines Schulhundes. Was weißt du nun? Markiere Schlüsselwörter.

Paul, Turan, Janina und Kira diskutieren über das Thema.

Paul: Ich meine, dass ein Schulhund eine sinnvolle Sache ist. Die Kinder können den **Umgang mit einem Hund lernen**. Das ist interessant und macht bestimmt allen Spaß.

Turan: Ich finde einen Hund in der Klasse unmöglich. Es gibt Kinder, die **Angst vor Hunden** haben. Daran muss man auch denken.

Janina: Die Kinder **verlieren** vielleicht **ihre Angst**, wenn sie öfter Kontakt mit dem Schulhund haben. Das wäre für sie ein **Erfolgserlebnis**. Deshalb bin ich dafür.

Kira: Ich kann mir aber vorstellen, dass ein **Hund** in einer Klasse **viel Stress hat**, weil es oft Lärm und Unruhe gibt.

Paul: Aber durch einen Hund wird es sicher **leiser in der Klasse**. Die Kinder entspannen sich und **streiten sich weniger**.

Turan: Ein Hund könnte die **Kinder** aber auch **ablenken**. Wenn der Hund in der Klasse herumläuft, achten alle nur noch auf ihn und nicht mehr auf den Unterricht.

Kira: Manche Menschen haben auch eine **Allergie gegen Hunde**.

Janina: Stimmt, das muss man auf jeden Fall vorher herausfinden.

2 Worüber diskutieren die Jugendlichen?
Kreuze an.

Sie diskutieren …
- ☐ über den Kauf eines Hundes für die Schule.
- ☐ über einen Schulhund, der im Unterricht eingesetzt wird.
- ☐ über Tiere in der Schule.

Die Jugendlichen haben unterschiedliche Meinungen zu Schulhunden.
Sie nennen auch Argumente dafür und dagegen.

3 Welche Meinung haben Paul, Turan, Janina und Kira?
a. Lies noch einmal genau die Diskussion der Jugendlichen.
b. Wer ist für einen Schulhund, wer ist dagegen?
Notiere die Namen in der Tabelle.

für einen Schulhund	gegen einen Schulhund
Paul,	

4 **a.** Welche Argumente nennen die Jugendlichen als Begründung?
Tipp: Die Argumente sind im Gespräch blau hervorgehoben.
Schreibe die Argumente **dafür** und **dagegen** in die Tabelle.

Argumente für einen Schulhund	Argumente gegen einen Schulhund
Umgang mit einem Hund lernen	

b. Überlege dir je ein weiteres Argument dafür und dagegen.
Schreibe die Argumente in die Tabelle.

5 **a.** Wie ist **deine Meinung** zu dem Thema? Kreuze an.

- ☐ Ich bin **für** einen Schulhund in der Klasse.
- ☐ Ich bin **gegen** einen Schulhund in der Klasse.

b. Markiere in der Tabelle oben drei Argumente, die zu deiner Meinung passen.

Du kannst andere besser von deiner Meinung überzeugen, wenn du deine Argumente nach Wichtigkeit ordnest.

6 Schreibe deine Meinung auf.
Begründe sie mit drei wichtigen Argumenten aus der Tabelle von Aufgabe 4.

sinnvoll, gut, super, nicht gut, unmöglich

Ich finde einen Schulhund in der Klasse ______________________, denn

☐ – ____

____.

☐ – ____

____.

☐ – ____

____.

7 Welches Argument findest du am wichtigsten?
Nummeriere deine Argumente oben nach Wichtigkeit:
1 weniger wichtig, 2 wichtig, 3 am wichtigsten.

Mit Beispielen kannst du Argumente anschaulicher machen.

8 a. Lies die folgenden Argumente in den Sprechblasen.
b. Finde zu jedem Argument ein passendes Beispiel.
Verbinde.

Der Kontakt mit einem Hund tut den Kindern gut.

Für Hunde ist es Stress, in einer Schulklasse zu sein.

Die Kinder lernen viel über Hunde.

Ein Hund im Klassenraum ist unhygienisch.

Sie reagieren zum Beispiel sehr empfindlich auf Lärm und Streit.

Sie lernen beispielsweise, was die Körpersprache eines Hundes bedeutet.

Er riecht zum Beispiel nach Hund, verliert Haare oder sabbert.

Zum Beispiel können sie den Hund streicheln, mit ihm spielen oder kuscheln.

c. Markiere Argumente und Beispiele, die zu deiner Meinung passen.

Eine Lehrerin möchte ihren Hund mit in den Unterricht bringen. Die Schülerinnen und Schüler sollen ihre Meinungen posten. Auf der Homepage der Schule gibt es dafür ein Forum.

9 Schreibe einen Beitrag für das Forum.
- Schreibe deine Meinung auf.
- Begründe deine Meinung mit drei wichtigen Argumenten.
- Schreibe dein wichtigstes Argument zum Schluss. Belege es mit einem Beispiel.

▶ Wissen kompakt, S. 5

Ein Schulhund in der Klasse? Was meint ihr dazu?
Schreibt eure Meinungen hier in unser Forum.

Meiner Meinung nach ist ein Hund in der Klasse ____________

____

____

(weil/denn)

____

Außerdem ______________________________

____

____

Aber am wichtigsten finde ich dieses Argument: ____________

____

____

(zum Beispiel/beispielsweise)

____

____

Deshalb bin ich ____________ einen Schulhund in der Klasse.
(für/gegen)

____
(dein Name, deine Klasse)

Therapie mit Delfinen? – Meinungen begründen, einen Forumsbeitrag schreiben

Delfine können kranken Kindern helfen. Die Tiere leben dabei jedoch in Gefangenschaft. Eine Therapie mit Delfinen kann man daher befürworten oder ablehnen. Mit dieser Streitfrage beschäftigst du dich auf den nächsten Seiten. Du bildest dir eine Meinung und schreibst deine Argumente in einem Forumsbeitrag.

▶ Wissen kompakt, S. 5

Expertengespräch: Therapie von Menschen mit Delfinen?

Delfintherapeutin: Den Kindern hilft das gesellige und kontaktfreudige Wesen der Delfine dabei, sich zu öffnen. Durch die besondere Wesensart der Tiere werden zum Beispiel verschlossene Kinder schnell zum Mitspielen aufgefordert, sodass sie sich im Wasser frei und natürlich mit den Delfinen bewegen können und dabei ihre Ängste überwinden. Viele Eltern berichten über Erfolge durch die Therapie. Einige Kinder können sich zum Beispiel danach besser bewegen oder sprechen, andere haben weniger Ängste vor Berührungen.

Wissenschaftler: Das ist sehr erfreulich. Langfristige Therapieerfolge konnten durch die Delfintherapie jedoch bisher nicht nachgewiesen werden. Kurzfristige Verbesserungen können beispielsweise auch durch den Urlaub, durch das schöne Wetter oder die intensive Beschäftigung mit dem Kind erfolgen. Eine Delfintherapie wird daher nicht von der Krankenkasse bezahlt und kostet immerhin mehrere Tausend Euro.

Eine Mutter: Das Wohlbefinden unserer Tochter steht für uns im Vordergrund und seit der Therapie lacht sie endlich wieder. Das zeigt sich darin, wie glücklich sie nach der Delfintherapie war. So habe ich sie noch nie erlebt.

Delfinexperte: Delfine sind faszinierende Tiere, die Wunder bewirken können. Trotzdem sollte man Delfintherapien verbieten, da eine artgerechte Haltung von Delfinen in Zoos und Delfinarien nicht möglich ist.

Delfintherapeutin: Die Aquarien sind aber naturnah gestaltet.

Sprecher des Tierschutzbundes: Aquarien können das Meer nicht ersetzen, denn Delfine sind Wildtiere und keine Nutztiere. Es ist Tierquälerei, sie für unsere Zwecke aus ihrer natürlichen Umgebung zu reißen und von ihrer Familie zu trennen.

Delfinexperte: Zudem kann es sogar zu aggressivem Verhalten gegenüber Menschen kommen, wenn Delfine zum Beispiel keine Rückzugsmöglichkeit haben. Darüber hinaus kann die Therapie den Tieren körperlich schaden. Beispielsweise kann beim Schwimmen und beim Festhalten an den Delfinen die empfindliche Haut verletzt werden.

Ein Vater: Besonders bedenklich ist es, wenn mit solchen teuren Delfintherapien auch noch viel Geld verdient wird und nicht jedem kranken Kind die Möglichkeit geboten werden kann. Da die Heilbehandlung sehr kostspielig ist, können sich nur wenige Eltern so etwas für ihre kranken Kinder leisten.

Eltern und verschiedene Experten äußern unterschiedliche Meinungen zur Delfintherapie.

1 Schreibe auf, wer **für** und wer **gegen** eine Delfintherapie ist.

dafür: *Delfintherapeutin,* ______

dagegen: ______

2 Was spricht dafür, was spricht dagegen, Delfine als Therapietiere einzusetzen?
- **a.** Markiere die Argumente **für** eine Delfintherapie blau.
- **b.** Markiere die Argumente **gegen** eine Delfintherapie rot.
- **c.** Wähle drei Argumente für (pro) und drei Argumente gegen (kontra) eine Delfintherapie aus und trage sie in Stichpunkten in die Tabelle ein.
- **d.** Welche Argumente von beiden Seiten findest du besonders überzeugend? Ordne sie nach Wichtigkeit: (1) am wichtigsten, (2) wichtig, (3) weniger wichtig.

Wichtigkeit	für eine Delfintherapie (pro)	gegen eine Delfintherapie (kontra)	Wichtigkeit

3 Was ist deine Meinung zum Einsatz von Delfinen als Therapietiere?
- **a.** Schreibe auf, ob du dafür oder dagegen bist.

  Ich bin der Meinung, dass ______

  ______.
- **b.** Welche Argumente stützen deine Meinung? Markiere die Spalte in deiner Tabelle.

Du kannst deine Argumente mit Beispielen veranschaulichen. Dann werden sie besonders überzeugend.

4 Delfintherapien kosten sehr viel Geld. **Ein Beispiel** unterstützt dieses Kontra-Argument.

Der vierjährige Maik kann wegen einer Krankheit immer noch nicht laufen. Für seine Eltern ist es zum Beispiel nicht möglich, den Flug und die Therapiekosten zu bezahlen.

- **a.** Unterstreiche die Stelle im Satz, an der das Beispiel eingeleitet wird.
- **b.** Suche zu deinen drei wichtigsten Argumenten aus dem Expertengespräch die genannten Beispiele und markiere diese grün.
  Tipp: Du kannst auch eigene Beispiele nennen.

c. Schreibe die Argumente und Beispiele nach dem vorgegebenen Muster nacheinander in deinem Heft auf: nicht so wichtiges Argument + Beispiel, wichtiges Argument + Beispiel, wichtigstes Argument + Beispiel.
Tipp: Du kannst folgende Formulierungen verwenden.

Zum Beispiel … | *Beispielsweise …* | *Das zeigt das Beispiel …* | *Wie das Beispiel … zeigt, …*

Meinung → 1. Argument (weniger wichtig) → 1. Beispiel → 2. Argument (wichtig) → 2. Beispiel → 3. Argument (am wichtigsten) → 3. Beispiel

Um andere von deiner Meinung zu überzeugen, musst du die Gegenargumente entkräften.

5 Du möchtest die Gegenseite von deiner Meinung überzeugen.
a. Wähle ein Argument der Gegenseite aus und schreibe es auf.
b. Überlege, was du erwidern möchtest. Schreibe deine Erwiderung auf.

Ein mögliches Gegenargument ist, dass ______________________

____.

Ich denke aber, dass ______________________

____.

Melda hat den Artikel ebenfalls gelesen und ihre Meinung dazu gepostet. Auf der Homepage der Schule gibt es dafür ein Forum.

„Ich bin gegen die Delfintherapie, weil es egoistisch von uns Menschen ist, Delfine für unsere eigenen Zwecke zu missbrauchen. Delfine sind Tiere, die im Meer in Gruppen wie in Familien zusammenleben. In Gefangenschaft verlieren sie beispielsweise ihre Artgenossen und ihre Freiheit!"

6 Nimm Stellung zu Meldas Kommentar. Schreibe einen Beitrag für das Schulforum. Schreibe in dein Heft. Nutze die Formulierungshilfen.
- Schreibe am Anfang deine Meinung auf.
- Begründe deine Meinung mit drei wichtigen Argumenten.
- Veranschauliche die Argumente jeweils mit einem passenden Beispiel.
- Nenne ein Gegenargument und entkräfte es.
- Schreibe dein wichtigstes Argument zum Schluss.
- Schreibe einen Schlusssatz. Bekräftige darin nochmals deine Meinung.

für den Anfang: Ich bin ebenfalls der Meinung, dass … | *Ich bin anderer Meinung, da …*
für den Schluss: Zusammenfassend muss ich sagen, … | *Mich überzeugt …*

Schritt für Schritt – *Vorgänge sachlich beschreiben*

In diesem Kapitel schreibe ich eine Anleitung. Ich beschreibe verständlich, wie etwas hergestellt wird.

Mit dem Schreib-Profi kann ich Texte planen, schreiben und überarbeiten.

Schritt 1: **Vor dem Schreiben** **Ich plane meinen Text.** **Ich mache mir Notizen.**	– Für wen schreibe ich? – Was will ich mit meinem Text erreichen? – Welche Wörter brauche ich?
Schritt 2: **Beim Schreiben** **Ich schreibe und nutze Hilfen:** **– meine Notizen** **– eine Checkliste** **– ein Wörterbuch**	– Was ist wichtig für meinen Text? – Wie schreibe ich meinen Text? – Was muss ich zuerst schreiben, was schreibe ich danach?
Schritt 3: **Nach dem Schreiben** **Ich überprüfe meinen Text.** **Ich berichtige Fehler.**	– Ist mein Text zu verstehen? – Habe ich an alles Wichtige gedacht? – Habe ich alles richtig geschrieben?

Die Anleitung soll anderen helfen, einen Vorgang zu verstehen und selbst nachzumachen.

Ich schreibe im Präsens (in der Gegenwart). **Ich schreibe in der man-Form.** **Ich beschreibe in der richtigen Reihenfolge.** **Ich schreibe sachlich und genau.**	
die Überschrift	***Anleitung für ...***
die Einleitung das Material, die Werkzeuge	*Man benötigt:* – *Klebefolie, Zeitungen, Leder, ...* – *Schere, Wachsmalstifte, Geodreieck, ...*
der Hauptteil die Arbeitsschritte in der richtigen Reihenfolge	– *Zuerst legt man ...* – *Dann schneidet man ... aus.* – *Danach klebt man ... auf.*
der Schluss das Ergebnis, weitere Tipps	– *Man kann die Kresse auf einem Ei essen.* – *Man kann den Schlüsselanhänger als Schmuck an den Rucksack hängen.*

Kresseköpfe herstellen Seite 16
Kunstkarten herstellen Seite 18
Schlüsselanhänger basteln Seite 22

Kresseköpfe herstellen – eine Anleitung schreiben

Elena und Tobi möchten auf dem Basar der Schule Kresseköpfe im Glas verkaufen. In der Projektwoche stellen sie diese her. Die Bilder zeigen den Vorgang.

1 Sieh dir die Bilder genau an.

Kresse ist ein würziges Kraut, das man im Salat oder auf Brot essen kann.

das Material bereitlegen

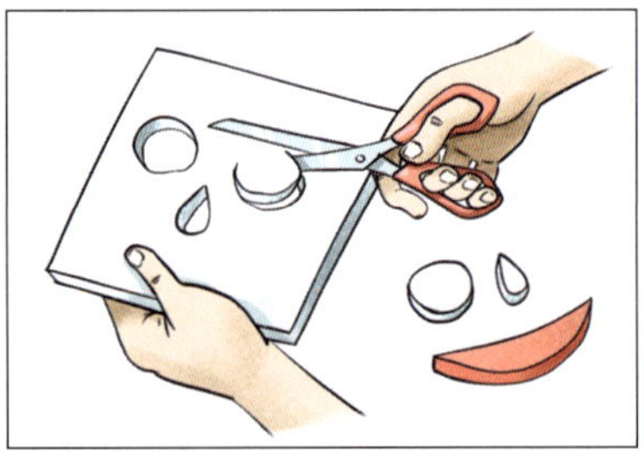

2 Was machen Elena und Tobi Schritt für Schritt? Schreibe die Arbeitsschritte unter die passenden Bilder.

die Kresse-Saat auf die Erde streuen | Augen, Nase und Mund ausschneiden | vorsichtig gießen | mit dem Filzstift bemalen | das Material bereitlegen | die Formen auf das Glas kleben | das Glas mit Erde füllen

Elena und Tobi wollen auf der Homepage die Anleitung für die Kresseköpfe veröffentlichen. Du schreibst die Anleitung.

3 Schreibe zuerst eine Liste für das benötigte Material.
Auf der Materialliste fehlen zwei Dinge. Ergänze sie.
Das Bild 1 auf Seite 16 hilft dir.

Man benötigt:

– *ein Glas*	– *Alleskleber*
–	–
– *die Kresse-Saat*	– *wasserfeste Filzstifte*
– *Moosgummi, verschiedene Farben*	– *eine Gießkanne*

4 Beschreibe dann die Arbeitsschritte in der richtigen Reihenfolge.
Markiere die Wortgruppen, die du verwenden möchtest.

Zuerst Als Erstes	schneidet	man	Mund, Augen und Nase die Teile des Gesichts	aus Moosgummi aus.
Dann Danach	klebt		diese Teile Mund, Augen und Nase	auf das Glas.
Nun Anschließend	kann		das Gesicht die Formen	bemalen.
Jetzt Dann	füllt		das Glas den Kopf	mit Blumenerde.
Als Nächstes Danach	streut		die Kresse-Saat das Saatgut	auf die Erde.
Schließlich Am Ende	gießt		den Kressekopf die Saat	jeden Tag ein wenig.

Beispiel: Zuerst schneidet man die Teile des Gesichts aus Moosgummi aus.

5 Gib zum Schluss noch einen Tipp.
Ergänze den folgenden Tipp.

Nach ungefähr fünf Tagen kann man die Kresse ernten.

Man kann die Kresse ______________________ *essen*.

auf dem Brot,
auf dem Ei,
im Salat

6 Wähle nun eine Überschrift für deine Anleitung aus.
Oder überlege dir eine eigene Überschrift.

☐ Anleitung für einen Kressekopf ☐ Hübsch und lecker

7 Schreibe die vollständige Anleitung in dein Heft:
die Überschrift, die Materialliste, die Arbeitsschritte und den Schluss.

Kunstkarten herstellen – eine Anleitung schreiben

Nuria und Jan möchten auf dem Basar der Schule Kunstkarten verkaufen. Diese stellen sie mit einer Klebetechnik her. Die Bilder zeigen das Material und den Vorgang.

1 Sieh dir die Bilder genau an.

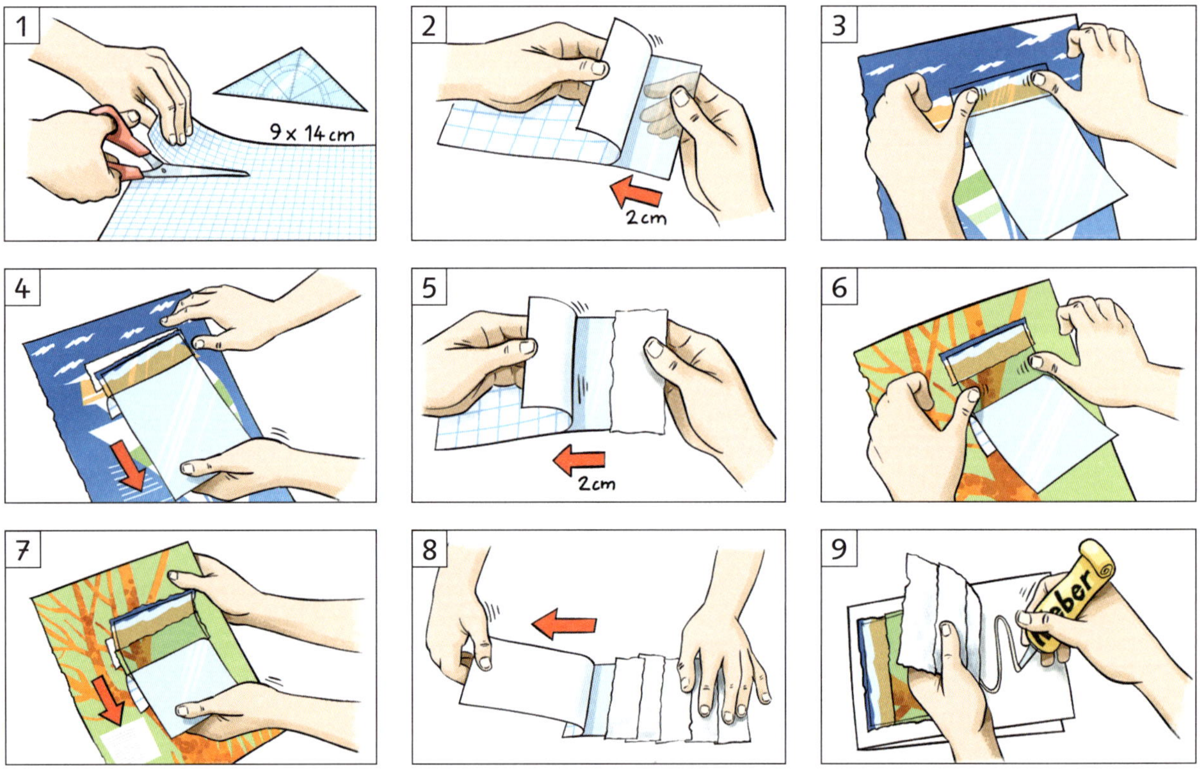

2 Einige Arbeitsschritte müssen Nuria und Jan mehrmals tun. Schreibe zu jedem Arbeitsschritt die passenden Bilder auf.

1. ein Rechteck auf der Folie abmessen und ausschneiden *Bild 1* ________
2. die Rückseite der Folie 2 cm abziehen *Bilder 2, 5,* ________
3. die Folie auf die Zeitschrift legen und kräftig andrücken *Bilder* ________
4. die Folie vorsichtig von der Zeitschrift ablösen *Bilder* ________
5. das bunte Rechteck auf die Klappkarte kleben *Bild* ________

Nuria und Jan wollen den Basarbesuchern eine Anleitung mitgeben.
Du schreibst die Anleitung zur Herstellung der Kunstkarten.
Dabei hilft dir der Schreib-Profi.

Schritt 1: Vor dem Schreiben

Du schreibst die Anleitung im Präsens und in der man-Form.

3 a. Markiere alle Verben in Aufgabe 2 (Seite 18).
b. Ergänze die folgenden Sätze.
Verwende Verben im Präsens und in der man-Form.
Die Verbformen am Rand helfen dir.

Man *misst* ____ ein Rechteck auf der Folie *ab* ____

und *schneidet* ____ es *aus* ____.

Man ____________ die Rückseite der Folie 2 cm ____________

Man ____________ die Folie auf die Zeitschrift

und ____________ sie kräftig ____________.

misst ab, schneidet aus, zieht ab, legt, drückt an

Du beschreibst die Arbeitsschritte in der richtigen Reihenfolge.

4 Ergänze passende Zeitadverbien, die die Reihenfolge verdeutlichen.

Zuerst | Dann | Nun | Anschließend | Zum Schluss | Als Nächstes | Danach

Zuerst ____________ misst man das Rechteck ab und schneidet es aus der Folie aus.

Es soll 9 cm breit und 14 cm lang sein.

____________ zieht man die Rückseite der Folie 2 cm ab.

____________ legt man die Folie auf die ausgewählte Stelle in der Zeitschrift

und reibt kräftig mit dem Finger darüber, bis die Farbe haftet.

____________ löst man die Folie vorsichtig ab.

____________ zieht man die Rückseite der Folie ein weiteres Stück ab.

Man wählt eine andere Stelle in der Zeitschrift aus und wiederholt den Vorgang,

bis die ganze Folie bunt ist.

____________ klebt man das bunte Rechteck auf die Klappkarte.

Schritt 2: Beim Schreiben

Du beschreibst, wie man die Kunstkarten herstellt.

▶ Wissen kompakt, S. 15

5 a. Notiere zuerst das benötigte Material.

Man benötigt: Klebefolie, ______________________

____

____

____

b. Schreibe die Materialliste in dein Heft.
Achtung! Lass über der Liste eine Zeile für die Überschrift frei.

6 Beschreibe als Nächstes die Arbeitsschritte.
Verwende dein Ergebnis aus Aufgabe 4.

7 Schreibe zum Schluss noch einen Tipp auf.
Wähle einen Vorschlag aus und schreibe den Tipp in dein Heft.

Man kann auch einen Streifen mit Schrift nehmen. Das sieht interessant aus.

Man kann auch nur zwei Farben abwechselnd nehmen.

8 Finde nun auch eine passende Überschrift für deine Anleitung.
Schreibe die Überschrift über deinen Text.

Schritt 3: Nach dem Schreiben

9 a. Überprüfe deine Anleitung mithilfe der Checkliste.
b. Überarbeite sie, wenn nötig.

Checkliste: Eine Anleitung schreiben	Ja	Noch nicht
Ich habe eine passende Überschrift gewählt.	☐	☐
Ich habe eine Materialliste geschrieben.	☐	☐
Ich habe die Arbeitsschritte in der richtigen Reihenfolge beschrieben.	☐	☐
Ich habe im Präsens (Gegenwart) und in der man-Form geschrieben.	☐	☐

Nuria und Jan haben für den Basar noch andere Kunstkarten hergestellt. Die Bilder zeigen den Vorgang.

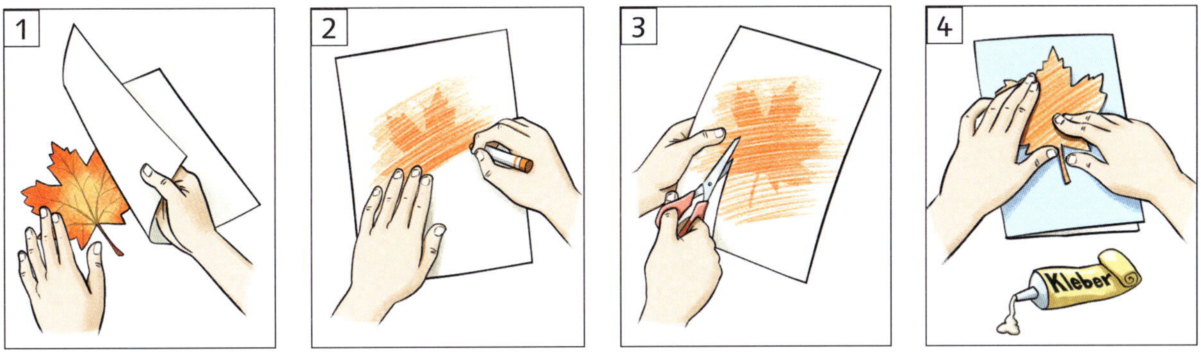

Jan hat einen Entwurf für die Anleitung geschrieben.

10 a. Sieh dir die Bilder genau an.
b. Lies Jans Entwurf.

Achtung: Fehler!

Man benötigt:
- *ein getrocknetes und gepresstes Herbstblatt*
- *ein Blatt Papier*
- *eine Schere*
- *Kleber*
- *eine leere Klappkarte*

Zuerst legte ich ein getrocknetes und gepresstes Herbstblatt unter ein Blatt Papier.
Zum Schluss klebte ich das ausgeschnittene Blatt auf die Klappkarte.
Dann malte ich vorsichtig mit einem Wachsmalstift über das Blatt Papier, bis das Herbstblatt vollständig zu sehen ist.
Danach schnitt ich das bunte Blatt am Rand aus.

Die fertigen Klappkarten kann man zum Geburtstag oder als Einladung verschicken.

11 Überprüfe Jans Entwurf mithilfe der Checkliste auf Seite 20.
a. Prüfe, ob die Materialliste vollständig ist.
b. Markiere die Stellen im Entwurf, die du verbessern musst.
c. Schreibe die Anleitung richtig in dein Heft.

Schlüsselanhänger basteln – den Vorgang beschreiben

Die Schülerinnen und Schüler der Klasse 7c beteiligen sich dieses Jahr am Schülerbasar und wollen selbst gemachte Schlüsselanhänger verkaufen.
Luisa möchte ihren Mitschülern zeigen, wie man einen solchen Anhänger herstellt.

Gurtband

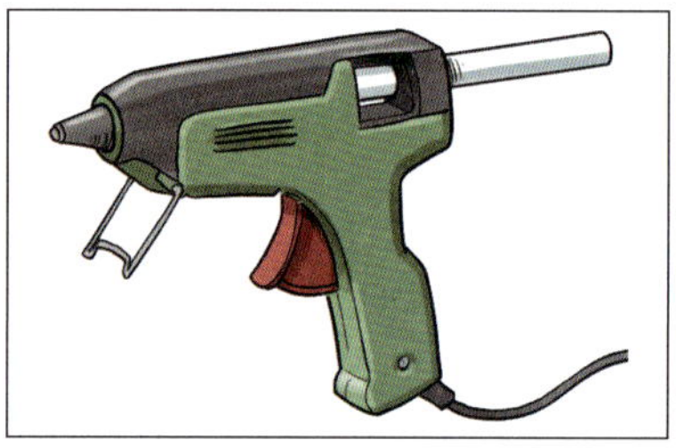

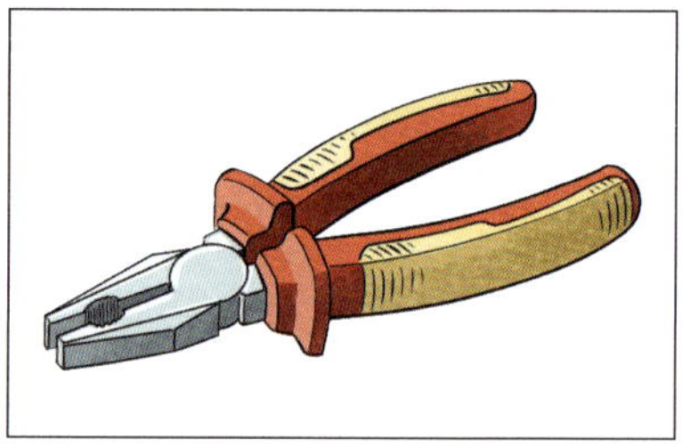

Die Materialliste zeigt auf, was alles für den Vorgang benötigt wird.

Schritt 1: Planen

1 **a.** Schau dir die Bilder mit den Materialien an und lies dir die Liste durch.
b. Schreibe unter die Bilder die passenden Bezeichnungen.

Schlüsselbandrohling | ~~Gurtband~~ | Maßband und Schere | buntes Webband | Heißklebepistole | Patronen | Zange

Bei einer Vorgangsbeschreibung ist die Einhaltung der Reihenfolge der einzelnen Arbeitsschritte sehr wichtig.

2 Die folgenden Arbeitsschritte sind nicht in der richtigen Reihenfolge.
a. Lies dir die Arbeitsschritte durch und schau dir die Bilder zum Vorgang auf der nächsten Seite an.
b. Nummeriere die Arbeitsschritte. Beachte die richtige Reihenfolge.
c. Schreibe die Arbeitsschritte unter die passenden Bilder.

Arbeitsschritte:

___ Band in der Mitte falten

___ Band in Schlüsselbandrohling einsetzen

___ Webband mittig auf Gurtband kleben und trocknen lassen

___ Heißkleber auf Gurtband auftragen

___ Schlüsselbandrohling mit Zange zusammendrücken

___ Webband und Gurtband 30 cm abmessen und zuschneiden

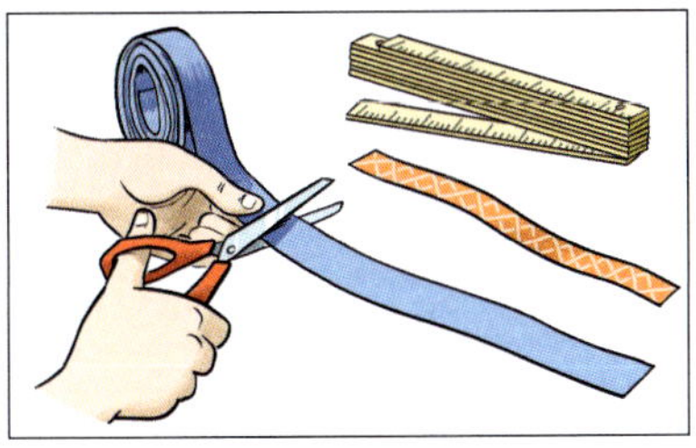

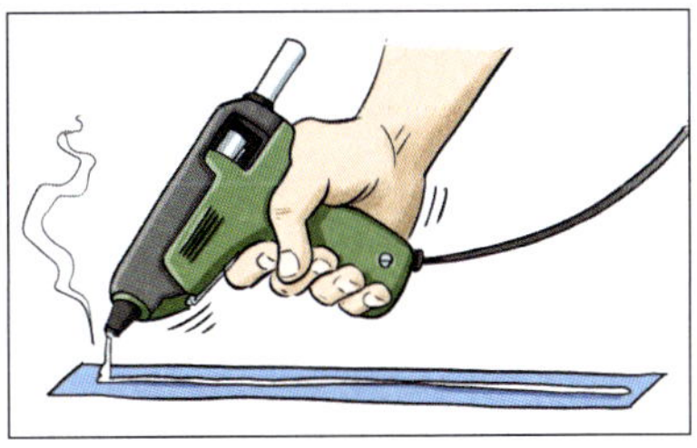

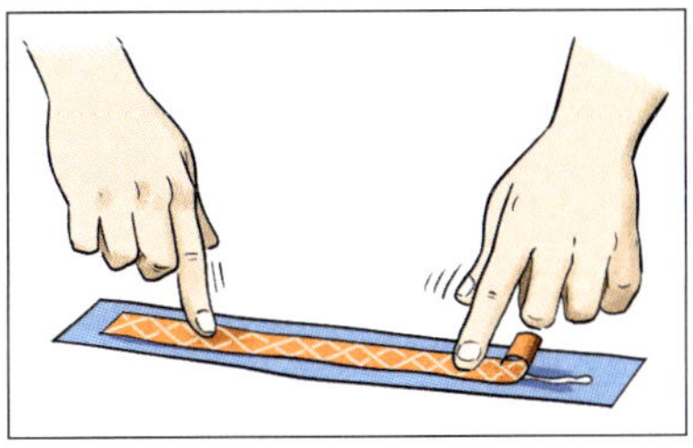

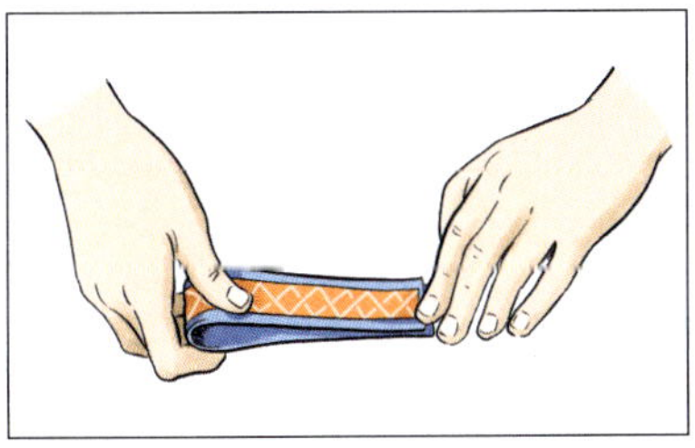

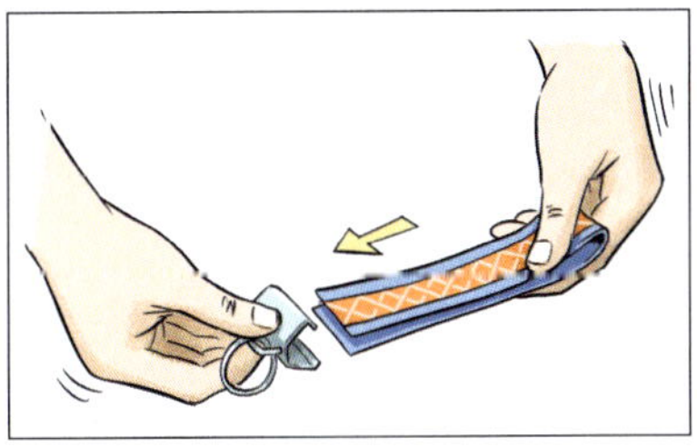

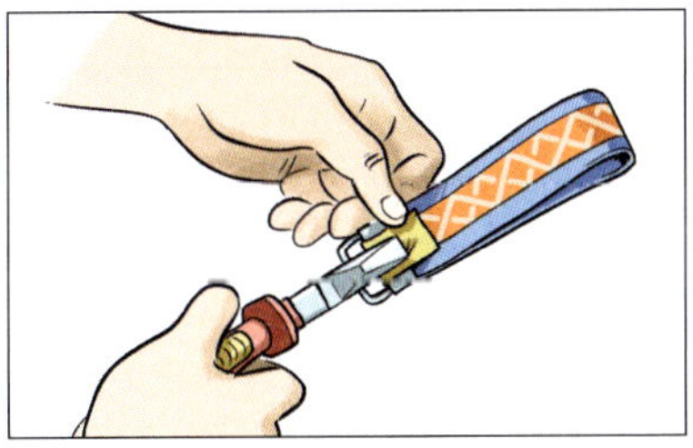

Mit unterschiedlichen Satzanfängen kann man die Reihenfolge der Schritte abwechslungsreich formulieren. Eine Vorgangsbeschreibung wird im Präsens und oft in der neutralen man-Form geschrieben.

3 **a.** Setze im ersten Teil (**A**) die passenden Satzanfänge (Adverbien) in die Lücken.
b. Schreibe im zweiten Teil (**B**) die Verben in der richtigen Zeitform (Präsens) in die Lücken.

Nun, Als Erstes, Schließlich, Danach, Dann

A __________ schneidet man 20 cm Web- und Gurtband ab. __________ schließt man die Heißklebepistole an. __________ verteilt man den flüssigen Kleber auf dem Gurtband. __________ klebt man das Webband mittig auf das Gurtband. __________ drückt man den Schlüsselbandrohling mit der Zange zusammen.

B Den Stecker des Klebers __________ (ziehen) man aus der Steckdose. Der heiße Kleber __________ (sollen) 5 Minuten trocknen. Am Ende __________ (säubern) man den Arbeitsplatz.

4 Formuliere aus den Bausteinen einen Tipp, was man mit dem Schlüsselanhänger alles machen kann.

für den ***Hausschlüssel*** *nutzen, als Schmuck an die Tasche hängen*

Man kann den fertigen Schlüsselanhänger für __________

oder __________.

Schritt 2: Schreiben

5 Schreibe nun die Vorgangsbeschreibung in dein Heft.
a. Schreibe in der Einleitung, welches Material und welches Werkzeug man benötigt.
b. Nutze für den Hauptteil die Ergebnisse aus den Aufgaben 2 und 3.
c. Notiere zum Schluss den Tipp aus Aufgabe 4.
d. Finde eine passende Überschrift.

Schritt 3: Überarbeiten

6 **a.** Überprüfe deinen Text mithilfe der Checkliste.
b. Überarbeite deine Anleitung, falls nötig.

Checkliste: Einen Vorgang beschreiben	Ja	Noch nicht
Ich habe in der Einleitung das nötige Material aufgelistet.	☐	☐
Ich habe bei der Beschreibung im Hauptteil die genaue Reihenfolge der Arbeitsschritte eingehalten.	☐	☐
Ich habe sachlich und im Präsens geschrieben.	☐	☐
Ich habe in der neutralen man-Form geschrieben.	☐	☐
Ich habe unterschiedliche Satzanfänge benutzt und passende Zeitadverbien ergänzt.	☐	☐
Ich habe auf meine Rechtschreibung geachtet.	☐	☐

Luisa hat im Internet noch Bilder zur Herstellung eines Schlüsselanhängers aus Leder gefunden und auch hierfür eine Vorgangsbeschreibung verfasst.

7 Verbessere Luisas Entwurf. Achte auf falsche Zeitformen, unsachliche Kommentare, umgangssprachliche Formulierungen und gleiche Satzanfänge.
a. Markiere die Fehler im Text und streiche unpassende Formulierungen.
b. Schreibe die Verbesserungen neben den Text.
c. Schreibe die verbesserte Vorgangsbeschreibung in dein Heft.

Schlüsselanhänger aus Leder

Materialliste:
Leder, Geodreieck, Schere, Kleber, Schlüsselring

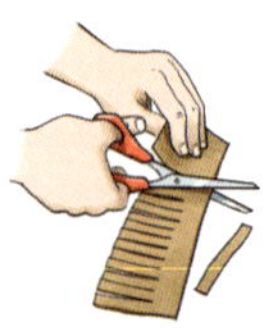

Zuerst schneidet man einen breiten Lederstreifen in den Maßen 20 cm x 7 cm zu. Als ich endlich mein Geodreieck gefunden hatte, konnte ich weitermachen! Dann zeichnet man einen oberen Rand von 2 cm ein. Darunter zeichnet man die einzelnen Streifen von 1 cm ein. Das ist voll einfach! Dann schneidest du die Fransen einmal entlang der gesamten Länge schön gleichmäßig ein. Dann zusätzlich eine Lederschlaufe für die Halterung zuschneiden und festkleben. Den ganzen Rand oben mit Kleber vollkleistern. Dann rollte man das Leder eng zusammen. Am Ende fädelst du den Schlüsselring ein. Dann ist der Schlüsselanhänger fertig.

Verbesserungen

Ein Schultag mit Folgen – *sachlich berichten*

In diesem Kapitel berichte ich über einen Diebstahl oder einen Einbruch.

Mit dem Schreib-Profi kann ich Texte planen, schreiben und überarbeiten.

Schritt 1: Vor dem Schreiben **Ich plane meinen Text.** **Ich mache mir Notizen.**	– Für wen schreibe ich? – Was will ich mit meinem Text erreichen? – Welche Wörter brauche ich?
Schritt 2: Beim Schreiben **Ich schreibe und nutze Hilfen:** **– meine Notizen** **– eine Checkliste** **– ein Wörterbuch**	– Was ist wichtig für meinen Text? – Wie schreibe ich meinen Text? – Was muss ich zuerst schreiben, was schreibe ich danach?
Schritt 3: Nach dem Schreiben **Ich überprüfe meinen Text.** **Ich berichtige Fehler.**	– Ist mein Text zu verstehen? – Habe ich an alles Wichtige gedacht? – Habe ich alles richtig geschrieben?

In einem Bericht informiere ich andere über ein besonderes Ereignis.

Ich schreibe im Präteritum (in der Vergangenheit). **Ich schreibe sachlich und nur das Wichtige.** **Ich berichte der Reihe nach.** **Ich beantworte möglichst genau die W-Fragen.**	
die Überschrift	***Bericht von Hannes B.***
die Einleitung Wann? Wo? Wer? Was?	*Am 30.07. gegen 12 Uhr beobachtete ich in der Hauptstraße einen Diebstahl. Es waren ein Mann und ein Mädchen beteiligt.*
der Hauptteil Was passierte der Reihe nach? Wie passierte es genau?	*Ein junger Mann in Jeans und schwarzer Jacke rempelte eine ältere Frau an. Dann lief ein Mädchen von hinten auf die Frau zu und riss ihr die Handtasche vom Arm. Anschließend rannten der Mann und das Mädchen mit der Tasche weg.*
der Schluss Welche Folgen? Wer war Zeuge?	*Die ältere Frau rief sofort die Polizei.* *Ein anderer Mann sah den Diebstahl auch.*

Der Fahrraddiebstahl – sachlich berichten

Peer und Fatma arbeiten in der Schulbücherei. Da hören sie draußen seltsame Geräusche. Vom Fenster aus beobachten sie einen Diebstahl.

Da sind drei Leute an den Fahrradständern. Die stehlen ja die Fahrräder!

Sie fahren weg. Mach schnell ein Foto von dem Lieferwagen!

1 Was ist vor der Schulbücherei passiert?

a. Sieh dir die Bilder genau an. Lies die Sprechblasen.

b. Beantworte die W-Fragen. Schreibe Stichworte auf.

Wann (Datum)? ______________________

Wann (Uhrzeit)? ______________________

Wo? *an den Fahrradständern*

Wer? ______________________

Was? ______________________

Peer und Fatma laufen zur Schulleiterin. Fatma erzählt:

Wir haben drei Leute an den Fahrradständern beobachtet. Sie haben die Schlösser von mehreren Fahrrädern geknackt. Es ging blitzschnell. Dann haben sie die Räder auf einen weißen Lieferwagen geladen und sind weggefahren. Peer hat ein Foto gemacht.

Die Schulleiterin will die Polizei informieren. Deshalb bittet sie Peer und Fatma um einen schriftlichen Bericht. Der Bericht kann helfen, den Diebstahl aufzuklären. Du schreibst den Bericht für Peer und Fatma.

In einem Bericht beantwortest du möglichst genau die W-Fragen.

2 Ergänze die Angaben.
Die W-Fragen von Aufgabe 1 helfen dir.

Bericht von Peer S. und Fatma A.

Am *21. September* ____ arbeiteten wir in der Schulbücherei.

Um ____________ sahen wir vom Fenster aus,

wie drei Leute ________________ stahlen.

die Überschrift, die Einleitung

Du schreibst den Bericht im Präteritum (Vergangenheit).

3 a. Lies noch einmal, was Fatma der Schulleiterin erzählt.
b. Ergänze passende Verben im Präteritum.

knackten | *fuhren* | *luden* | *hatte* | *war* | *beobachteten*

der Hauptteil

Wir *beobachteten* drei Personen an den Fahrradständern.

Sie ____________ die Schlösser von drei Fahrrädern.

Dann ____________ sie die Räder

in einen Lieferwagen und ____________ weg.

Der Lieferwagen ____________ weiß.

Er ____________ das Kennzeichen MMF-BW.

4 Welcher Satz passt für den Schluss des Berichtes? Kreuze an.

- ☐ Um 14:45 Uhr informierten wir unsere Schulleiterin Frau Roth.
- ☐ Um 14:45 Uhr gingen wir zur Polizei und berichteten von der Tat.

der Schluss

5 Schreibe den Bericht vollständig in dein Heft.
– Schreibe zuerst die Überschrift und die Einleitung auf. (Aufgabe 2)
– Schreibe dann den Hauptteil auf. (Aufgabe 3)
– Schreibe einen Satz für den Schluss auf. (Aufgabe 4)

Einbruch in die Cafeteria? – sachlich berichten

Kiano kommt vom Fußballtraining. Da beobachtet er vor der Cafeteria der Schule etwas Ungewöhnliches.

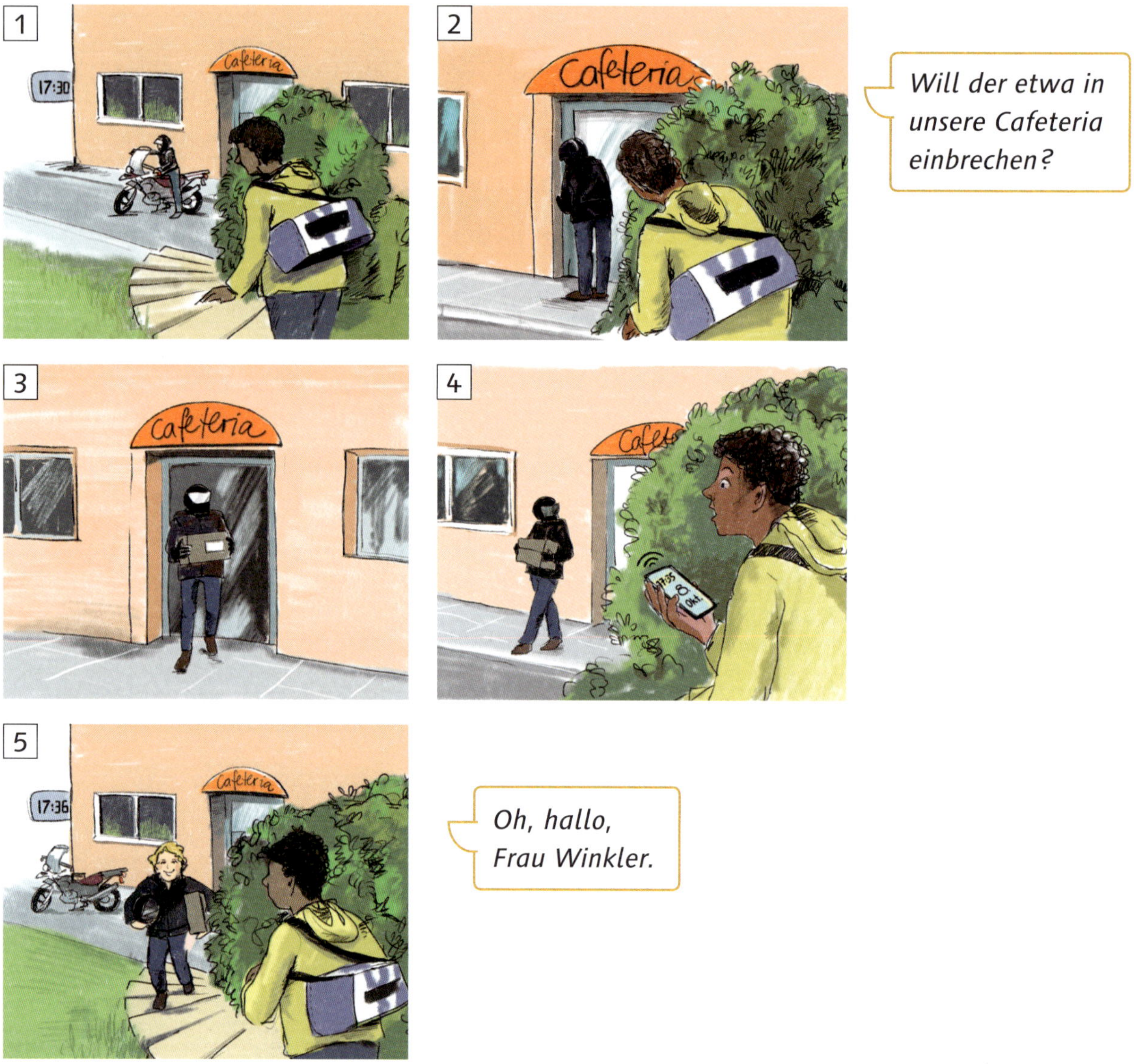

1 Was ist an der Cafeteria passiert?

a. Sieh dir die Bilder genau an. Lies die Sprechblasen.

b. Beantworte die W-Fragen. Schreibe Stichworte auf.

Wann (Datum)? ______________________________

Wann (Uhrzeit)? ______________________________

Wo? ______________________________

Wer? *ein Motorradfahrer* ______________________________

Was? ______________________________

Kiano erzählt in der Klasse von seinem Erlebnis:

Nach dem Training habe ich beobachtet, wie ein Motorrad auf den Schulhof gefahren ist. Ungewöhnlich! Der Fahrer hat direkt vor der Cafeteria gehalten. Er ist abgestiegen und hat schnell die Tür der Cafeteria geöffnet. Dann ist er in der Cafeteria verschwunden. Nach ein paar Minuten ist er mit einer Kiste zurückgekommen. Ich habe natürlich einen Einbruch vermutet. In dem Moment hat mein Handy geklingelt. So was Blödes! Der Motorradfahrer hat das Klingeln auch gehört. Er ist auf mich zugekommen und hat den Helm abgenommen. Ihr werdet es nicht glauben: Es war Frau Winkler, unsere Hausmeisterin. Und in der Kiste waren bloß leere Flaschen für den Glascontainer.

Der Deutschlehrer schlägt Kiano vor, einen Bericht für die Homepage der Schule zu schreiben.
Du schreibst Kianos Bericht. Der Schreib-Profi hilft dir dabei.

Schritt 1: Vor dem Schreiben

2 Für wen soll der Bericht sein? Schreibe einen Satz.

Der Bericht soll ______________________________.

3 Was ist der Reihe nach passiert?

a. Lies noch einmal, was Kiano erzählt.

b. Schreibe das Wichtigste in kurzen Sätzen auf.

Ein Motorrad hat vor der Cafeteria gehalten.

Der Fahrer

____

____

____

____

____

Schritt 2: Beim Schreiben

Ein Bericht hat eine Einleitung, einen Hauptteil und einen Schluss. In der Einleitung berichtest du knapp, worum es geht.

4 Ergänze die fehlenden Angaben.
Die W-Fragen von Aufgabe 1 (Seite 28) helfen dir.

Am *8. Oktober* ______ um ______________

beobachtete ich ______________________

vor der ______________ unserer Schule.

Im Hauptteil berichtest du genau und der Reihe nach, was passiert ist. Du schreibst im Präteritum (Vergangenheit).

5 Ergänze passende Verben im Präteritum.

kam | trug | öffnete | fuhr | stieg … ab | verschwand

Die Person *fuhr* ___ mit dem Motorrad auf den Schulhof.

Der Fahrer __________ vor der Cafeteria ________.

Er _________ einen Helm und eine schwarze Lederjacke.

Schnell __________ er die Tür und _____________

in der Cafeteria.

Nach ungefähr fünf Minuten ____________ er

mit einer Kiste wieder heraus.

Ein Bericht soll sachlich sein. Er enthält nur wichtige Informationen.

Ich vermutete einen Einbrecher, denn in der Nachbarschule hatte es vor zwei Tagen einen Einbruch gegeben. Hilfe, was sollte ich tun? Als ich die Polizei rufen wollte, klingelte mein Handy. Es war 17:35 Uhr. So was Blödes! Der Motorradfahrer hörte das Geräusch und kam auf mich zu. Mir wurde ganz heiß vor Aufregung. Die Person nahm den Helm ab und grüßte mich. Es war Frau Winkler, unsere Hausmeisterin.

6 Überprüfe den Entwurf. Streiche die Sätze durch, die nicht sachlich oder nicht wichtig sind.

Im Schluss des Berichts nennst du die Folgen des Ereignisses.

7 a. Sieh dir das Bild an.
b. Wähle einen Schluss aus. Kreuze an.

- ☐ Ich half Frau Winkler mit den Flaschen.
- ☐ Ich verabschiedete mich und lief schnell nach Hause.
- ☐ Die Hausmeisterin lobte mich, weil ich aufgepasst hatte.

Ein Bericht hat auch eine Überschrift.
Die Überschrift soll sachlich sein, nicht spannend.

8 Überlege dir eine passende Überschrift.
Oder wähle eine Überschrift vom Rand aus.
Schreibe sie auf.

Doch kein Einbruch in die Cafeteria,
Bericht von Kiano R.

9 Schreibe den vollständigen Bericht in dein Heft.
Verwende deine Ergebnisse aus den Aufgaben 4 bis 8.
- Schreibe die Überschrift auf.
- Schreibe die Einleitung.
- Berichte über das Ereignis.
- Schreibe einen Satz für den Schluss.

Schritt 3: Nach dem Schreiben

10 a. Überprüfe deinen Bericht mithilfe der Checkliste.
b. Überarbeite ihn, wenn nötig.

Checkliste: Sachlich berichten	Ja	Noch nicht
Ich habe die W-Fragen beantwortet: Wann? Wo? Was?	☐	☐
Ich habe der Reihe nach berichtet.	☐	☐
Ich habe im Präteritum (in der Vergangenheit) geschrieben.	☐	☐
Ich habe sachlich geschrieben, ohne zu werten.	☐	☐

Diebstahl in der Sporthalle – sachlich berichten

Während der Sportstunde wird Mara plötzlich schwindelig. Ihre Lehrerin bittet ihre Freundin Lea, Maras Trinkflasche aus dem Umkleideraum zu holen. Auf ihrem Weg dorthin wird Lea Zeugin einer Straftat.

Am Freitag, dem 16.4.2019 sieht Lea um 10.15 Uhr ein Mädchen mit langen, lockigen und blonden Haaren.

Als ich zu der renovierten Umkleidekabine gelaufen bin, habe ich durch die offene Tür gesehen, wie da ein Mädchen wild in einem Rucksack gewühlt hat. Sie hat so eine olle, braune Geldbörse in der Hand gehabt. Sie ist dann durch die Tür der Umkleide auf den Flur hinausgerannt. Auf dem Fußboden habe ich dann Hannas Rucksack entdeckt!

1 **a.** Sieh dir die Bilder genau an.
b. Leas Bericht für die Lehrerin ist noch nicht genau. Schreibe neben jedes Bild, was Lea beobachtet. Achte dabei auf wichtige Angaben (Wo? Wann? Wer?).

Nachdem Lea der Lehrerin ganz aufgeregt von dem Diebstahl erzählt hat, wird die Polizei eingeschaltet. Lea soll für die Schule einen Bericht über den Diebstahl verfassen.

Schritt 1: Planen

Als Erstes möchte sich Lea Stichworte zu den W-Fragen notieren.

2 a. Schau dir noch einmal die Bilder an.
b. Notiere anschließend Stichworte zu den W-Fragen.

Wann (Datum)? ____________________

Wann (Uhrzeit)? ____________________

Wo? ____________________

Was? ____________________

____

Wer? ____________________

Schritt 2: Schreiben

Schreibe nun die Einleitung von Leas Bericht. In der Einleitung eines Berichts beantwortest du die W-Fragen: Wer? Wann? Wo? Was?.

3 Fülle die Lücken mithilfe der Hinweise im Wortspeicher richtig aus.

Datum, Uhrzeit, Ort, Straftat, Täter

Am ____________ um ____________ beobachtete ich in der ____________ der Sporthalle einen ____________. Es war ____________ beteiligt.

Im Hauptteil eines Berichts beantwortest du die W-Fragen: Wie? In welcher Reihenfolge? Warum?
Der Bericht soll sachlich sein und die wichtigsten Angaben enthalten. Er wird im Präteritum geschrieben.

4 Lea hat sich in ihrem Hauptteil zunächst nicht an diese Regel gehalten. Verbessere den Bericht auf der Seite 34.
a. Streiche unwichtige Angaben.
b. Verbessere die grün markierten Ausdrücke.
c. Setze die Verbformen im Perfekt ins Präteritum.
d. Notiere am Rand passende adverbiale Bestimmungen der Zeit. Nutze den Wortspeicher.

zuerst | anschließend | einen kurzen Moment später | zum Schluss | schließlich | währenddessen | einen Augenblick später | in diesem Moment | während

Als ich zu der ~~renovierten~~ Umkleidekabine gelaufen bin, habe ich durch die offene Tür gesehen, dass dort ein Mädchen mit blonden, lockigen Haaren wild in einem Rucksack gewühlt hat. Ich habe gleich gemerkt, dass da etwas nicht gestimmt hat. Sie hat einen dieser modernen roten Kapuzenpullis und eine echt schäbige blaue Jeans angehabt. Als ich in die Umkleide gekommen bin, hat sie so eine olle, braune Geldbörse in der Hand gehabt. Sie ist dann durch die Tür der Umkleide auf den Flur hinausgerannt. Und da habe ich dann einen grünen Rucksack auf dem schmutzigen Fußboden der Umkleide entdeckt! Es ist Hannas Rucksack gewesen. Das habe ich an ihrem Namensschild an der rechten Seite erkannt.

lief, sah

in diesem Moment

Im Schluss eines Berichts beantwortest du die W-Fragen: Welche Folgen? Wer war Zeuge?

5 Schreibe nun den Bericht für Lisa in dein Heft.
a. Schreibe die Einleitung aus Aufgabe 3 vollständig auf.
b. Berichte im Hauptteil über die Straftat.
c. Berichte im Schlussteil über die Folgen der Tat.
d. Formuliere eine treffende Überschrift.

Schritt 3: Überarbeiten

6 Im Schlussteil hat Lea erneut nicht durchgängig die richtige Zeitform verwendet. Ersetze die Perfektformen, wo nötig, durch die richtigen Präteritumsformen.

Ich bin dann erst einmal zu meiner Sportlehrerin gerannt und habe ihr von dem Diebstahl erzählt. Wir sind sofort mit Hanna zur Umkleide gelaufen und Hanna hat ihren Rucksack erkannt. Sie hat ihren Rucksack durchsucht und gemerkt, dass ihre Geldbörse gefehlt hat.

7 **a.** Überprüfe deinen Bericht mithilfe der Checkliste.
b. Überarbeite deinen Text.

Checkliste: Sachlich berichten	Ja	Noch nicht
Ich habe die **W-Fragen** vollständig beantwortet:		
– in der **Einleitung**: *Was? Wer? Wann? Wo?*	☐	☐
– im **Hauptteil**: *Wie? Was der Reihe nach? Warum?*	☐	☐
– im **Schluss**: *Welche Folgen? Wer war Zeuge?*	☐	☐
Ich habe nur über wichtige Dinge berichtet.	☐	☐
Ich habe sachlich geschrieben.	☐	☐
Ich habe in der richtigen Reihenfolge berichtet.	☐	☐
Ich habe genaue Angaben zu Zeit und Ort gemacht.	☐	☐
Ich habe im Präteritum geschrieben.	☐	☐

Faszinierende Orte – *sich und andere informieren*

In diesem Kapitel lese ich einen Sachtext und sehe mir Karten an.
Der Lese-Profi hilft mir, einen Text zu lesen und zu verstehen.

Schritt 1: **Vor dem Lesen** **Ich sehe mir die Bilder und die Karten an.** **Ich lese die Überschrift.**		– Welche Informationen enthalten die Bilder und die Karten? – Welche Information gibt mir die Überschrift? – Was weiß ich nun schon über das Thema?
Schritt 2: **Beim ersten Lesen** **Ich sehe mir den ganzen Text an.** **Ich lese ihn einmal durch.**		Was fällt mir auf? – blau gedruckte Wörter – Abschnitte – Zahlen
Schritt 3: **Beim genauen Lesen** **Ich lese den Text genau.**		– Welche Informationen erhalte ich in den Abschnitten? – Welche Wörter kenne ich nicht? – Welche W-Fragen kann ich beantworten?
Schritt 4: **Nach dem Lesen** **Ich arbeite mit dem Inhalt des Textes.**		– Welche Informationen sind für mich wichtig? – Was soll ich mit den Informationen tun?

Nach dem Lesen arbeite ich mit dem Inhalt, zum Beispiel:
- Ich **fasse** die **Informationen** aus dem Text mit meinen Worten **zusammen**.
- Ich schreibe **Stichworte** heraus.
- Ich schreibe mit den Informationen einen **eigenen Text**, z. B. eine **Reise-Empfehlung**.

Info

Einige Merkmale eines Sachtextes helfen beim Lesen:
Bilder und Karten verdeutlichen wichtige Informationen.
Die **Überschrift** nennt das Thema des Sachtextes.
Die **Schlüsselwörter** sind wichtige Wörter (oft blau oder fett gedruckt).
Die **Zwischenüberschriften** sagen, worum es in dem Abschnitt geht.
Die Abschnitte enthalten Informationen, die zusammengehören.

Leben auf einer Hallig Seite 36
Die Insel Fehmarn Seite 40
Leben am Wasser: Die Isar Seite 45

Leben auf einer Hallig – lesen mit dem Lese-Profi

**Du möchtest deine Klasse über eine besondere Insel in der Nordsee informieren.
Du siehst dir zwei Karten an und liest einen Sachtext.
Der Lese-Profi hilft dir beim Lesen und Verstehen.**

Die erste Karte gibt dir Informationen über die Inseln in der Nordsee.

1 Was für eine Art Karte ist zu sehen? Kreuze an.

- ☐ ein Stadtplan
- ☐ eine Landkarte
- ☐ eine Karte mit Sehenswürdigkeiten für Touristen

2 Sieh dir die Karte genauer an.
Was bedeuten die Farben? Verbinde.

Halligen
Nordsee
Städte, Orte
Inseln

3 Schreibe die Namen von drei Inseln und drei Halligen auf.

Inseln	Halligen

4 Finde auf der Karte die Hallig Hooge. Markiere die Hallig.

Du liest nun einen Sachtext über das Leben auf einer Hallig.

Schritt 1: Vor dem Lesen
Ich sehe mir die Bilder an. Ich lese die Überschrift.

5 Welche Aussagen passen deiner Meinung nach zu den Bildern und zu der Überschrift? Kreuze an.

- ☐ Auf einer Hallig bestimmt das Meer den Alltag der Menschen.
- ☐ Die Halligen sind ein Urlaubsparadies für Jung und Alt.
- ☐ Es ist etwas Besonderes, auf der Hallig zur Schule zu gehen.

Leben auf einer Hallig

(1) Die Halligen sind **kleine, besondere Inseln in der Nordsee**. Sie ragen nur wenig aus dem Meer heraus und werden mehrmals im Jahr **bei Hochwasser** oder **Sturm überflutet**. Diese Überflutungen nennt man „Land unter“. Um die Menschen und Tiere vor den Überflutungen zu schützen, stehen die **Häuser** der Halligen **auf** künstlichen **Erdhügeln**, den sogenannten **Warften**. Auf den Halligen wohnen **nur wenige Menschen**, ungefähr 230. Viele Bewohner der Halligen **leben von den Touristen**.

(2) **Hooge** ist die zweitgrößte und bekannteste Hallig. Man kann sie **nur mit dem Schiff** erreichen. Auf Hooge wohnen ungefähr **100 Menschen auf 10 Warften**. Die **Hanswarft** ist die **Hauptwarft**. Dort gibt es das Bürgermeisteramt, das Gemeindehaus und die Freiwillige Feuerwehr. Außerdem findet man dort Restaurants, zwei Museen, einen Lebensmittelladen und das Sturmflutkino*. **Im Sommer** machen **viele Touristen** einen **Tagesausflug** nach Hooge, um die Natur zu genießen.

(3) Auf der **Ockelützwarft** liegt die **Schule von Hooge**. Eine Lehrerin unterrichtet **alle Kinder** von der 1. bis zur 9. Klasse zusammen **in einem Raum**. Im Jahr 2018 gingen **acht Kinder** in die Halligschule. Bei „Land unter“ bleiben alle zu Hause. Der **Englischunterricht** findet oft **online** statt, denn die Lehrkraft lebt auf dem Festland**. Die Schülerinnen und Schüler nutzen Computerprogramme, um Englisch zu lernen und miteinander zu sprechen.

* Das Sturmflutkino zeigt in einem kurzen Film, wie Hooge überflutet wird.
** auf dem Festland: nicht auf der Insel

Schritt 2: Beim ersten Lesen
Ich sehe mir den ganzen Text an. Ich lese ihn einmal durch.

6 Worum geht es in den einzelnen Abschnitten des Textes?
a. Lies die blau gedruckten Schlüsselwörter im Text auf Seite 37.
b. Schreibe die Zwischenüberschriften zu den Abschnitten (1) bis (3).

Die Halligschule | Kleine Inseln in der Nordsee | Die Hallig Hooge

(1) ______________________

(2) ______________________

(3) ______________________

Schritt 3: Beim genauen Lesen
Ich lese den Text genau: Satz für Satz und Abschnitt für Abschnitt.

7 Beantworte die W-Fragen zum Text mithilfe der Schlüsselwörter.
a. Was ist das Besondere an den Halligen? Verbinde.

Die Halligen werden	nur wenige Menschen.
Die Häuser und Höfe sind	bei Hochwasser oder Sturm überflutet.
Auf den Halligen leben	auf Hügeln gebaut, die Warften heißen.

b. Warum stehen die Häuser der Halligen auf Warften? Erkläre.

____

____

____

c. Wie kommt man auf die Hallig Hooge? Kreuze an.

☐ mit dem Zug ☐ mit dem Schiff ☐ zu Fuß

d. Was befindet sich auf der Hanswarft? Schreibe vier Beispiele auf.

____

____

e. Was weißt du über die Schule auf Hooge? Schreibe Stichworte auf.

____

____

Die zweite Karte gibt dir weitere Informationen über die Hallig Hooge.

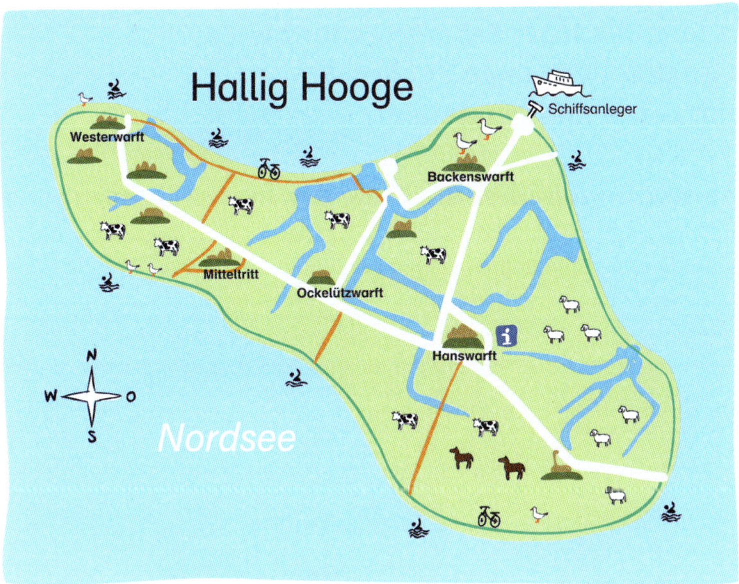

8 Was ist auf der Karte zu sehen? Kreuze an.

- ☐ Warften
- ☐ Schiffsanleger
- ☐ Hotels
- ☐ Tiere
- ☐ Radwege
- ☐ Jumping-Halle
- ☐ Autos
- ☐ Badestellen

9 Wo liegt die Hanswarft? Kreuze an.

- ☐ im Norden
- ☐ in der Mitte
- ☐ im Süden

10 Auf welcher Warft liegt die Schule? Markiere sie auf der Karte.
Tipp: Lies noch einmal Abschnitt 3 des Textes.

11 Welche Tiere gibt es auf Hooge? Schreibe auf.

____

Schritt 4: Nach dem Lesen
Ich arbeite mit dem Inhalt des Textes.

12 Du schlägst deiner Klasse einen Tagesausflug auf die Hallig Hooge vor.
Informiere deine Klasse über Hooge. Schreibe Sätze.

Wie erreicht ihr die Hallig Hooge?

Wir fahren _______________________________________.

Was könnt ihr dort machen? Was könnt ihr euch ansehen?

Wir können _______________________________________

____.

Die Insel Fehmarn – lesen mit dem Lese-Profi

Du möchtest deine Klasse über die Insel Fehmarn informieren.
Du siehst dir zwei Karten an und liest einen Sachtext.
Der Lese-Profi hilft dir beim Lesen und Verstehen.

Die erste Karte gibt dir Informationen über die Lage der Insel Fehmarn.

1 Was für eine Art Karte ist zu sehen? Kreuze an.

- ☐ eine Fahrradkarte
- ☐ eine Landkarte
- ☐ ein Stadtplan
- ☐ eine Karte mit Sehenswürdigkeiten für Touristen

2 Die Karte ist beschriftet.

a. Finde die Insel Fehmarn. Markiere sie.

b. Wo liegt Fehmarn? Ergänze.

Fehmarn liegt in der ______________________________.

Ostsee/Nordsee

c. Wie kann man die Lage der Insel noch beschreiben? Kreuze die richtigen Antworten an.

Fehmarn liegt …
- ☐ in Deutschland.
- ☐ in Dänemark.
- ☐ im Bundesland Baden-Württemberg.
- ☐ im Bundesland Schleswig-Holstein.
- ☐ in der Nähe von Polen.
- ☐ in der Nähe von Dänemark.

Du liest nun einen Sachtext über die Insel Fehmarn.

Schritt 1: Vor dem Lesen
Ich sehe mir die Bilder an. Ich lese die Überschrift.

3 Welche Aussage passt deiner Meinung nach zu den Bildern und zu der Überschrift? Kreuze an.

- ☐ Auf der Insel Fehmarn kann man einen abwechslungsreichen Urlaub verbringen.
- ☐ Auf der Insel Fehmarn kann man ein interessantes Praktikum machen.

Die Ferieninsel Fehmarn

(1) ______________________________

Fehmarn ist die **drittgrößte Insel Deutschlands** und eine faszinierende Ferieninsel. Fehmarn liegt **in der Ostsee**. Man erreicht die Insel mit dem Zug oder mit dem Auto **über eine** 963 Meter **lange Brücke**. Im Norden von Fehmarn liegt die **Stadt Puttgarden**. Von dort kann man mit der **Fähre nach Dänemark** reisen. Auf Fehmarn leben etwa 13 000 Menschen. Die meisten Bewohner **arbeiten im Tourismus** oder in der Landwirtschaft.

(2) ______________________________

Der **größte Ort** auf Fehmarn heißt **Burg**. Dort befinden sich das Rathaus, der Bahnhof und die Schulen, außerdem Geschäfte, Restaurants und **Museen**. Besonders interessant ist das **Meereszentrum Fehmarn** in Burg. Es gehört zu den größten Aquarien Europas. Darin leben unterschiedliche Arten von **Fischen, Krebsen, Seesternen und Muscheln**. Die Besucher können durch einen **Unterwassertunnel** gehen und **Korallengärten, Rochen und Haie** aus nächster Nähe sehen. Das Becken für die Haie fasst drei Millionen Liter Wasser.

(3) ______________________________

Die meisten Touristen kommen im Sommer nach Fehmarn, um die Strände und das Meer zu genießen. Im Süden der Insel findet man breite, weiße Sandstrände und viele Möglichkeiten für Wassersport. Der Südstrand ist bei Windsurfern und Kitesurfern* beliebt, weil dort oft ein kräftiger Wind weht. Anfänger und Profis können an mehreren Stellen surfen oder das Surfen lernen. Dreimal fand hier sogar die Weltmeisterschaft im Kitesurfen statt.

* Kite [englisch, sprich: kait]: der Drachen, Kitesurfen: Surfen mit einem Lenkdrachen

(4) ______________________________

Im Herbst kommen einige Besucher nach Fehmarn, um Zugvögel** zu beobachten. An der Westküste bei dem Ort Wallnau liegt ein Naturschutzgebiet. Man sieht viele Vogelarten, die auf ihrem Flug in den Süden hier Rast machen. Aber am Südstrand von Fehmarn kann man anstelle von Vögeln Drachen beobachten: Jedes Jahr im Oktober findet ein Drachenfest statt. Drachenflieger aus der ganzen Welt zeigen ihre außergewöhnlichen, selbst gebauten Drachen.

** Zugvögel: Vögel, die im Herbst von Norden viele Tausend Kilometer in den Süden fliegen. Dort bleiben sie über Winter und fliegen im Frühjahr zurück.

Schritt 2: Beim ersten Lesen
Ich sehe mir den ganzen Text an. Ich lese ihn einmal durch.

4 Worum geht es in den einzelnen Abschnitten des Textes?
- a. Lies die blauen Schlüsselwörter in den Abschnitten (1) und (2).
- b. Markiere die Schlüsselwörter in den Abschnitten (3) und (4).
- c. Schreibe passende Zwischenüberschriften über die Abschnitte.

Das Meereszentrum in Burg | Wassersport | Zugvögel und Drachen | Insel in der Ostsee

Schritt 3: Beim genauen Lesen
Ich lese den Text genau: Satz für Satz und Abschnitt für Abschnitt.

5 Erkläre die Begriffe: Kitesurfen (Zeile 23) und Zugvögel (Zeile 24). Nutze die Erklärungen unter dem Text.

das Kitesurfen: ______________________________

____

die Zugvögel: ______________________________

____

6 Beantworte die W-Fragen zum Text.
- a. Wie kommt man vom deutschen Festland auf die Insel Fehmarn? Kreuze die richtige Antwort an.

☐ durch einen Tunnel
☐ über eine Brücke
☐ nur mit dem Schiff

b. Welche Tiere kann man im Meereszentrum Fehmarn sehen? Schreibe vier Beispiele auf.

____

____

c. Was weißt du über den Wassersport auf Fehmarn? Verbinde.

Die Insel Fehmarn
Die Weltmeisterschaft im Kitesurfen
Am Südstrand

fand dreimal auf Fehmarn statt.
weht ein kräftiger Wind zum Surfen.
ist beliebt bei Windsurfern und Kitesurfern.

d. Was können Besucher im Herbst auf Fehmarn erleben? Schreibe auf.

Himmel, Drachen, Naturschutzgebiet, Zugvögel

An der Westküste: ______________________________

____

Am Südstrand: ______________________________

____

Die zweite Karte gibt dir weitere Informationen über Fehmarn.

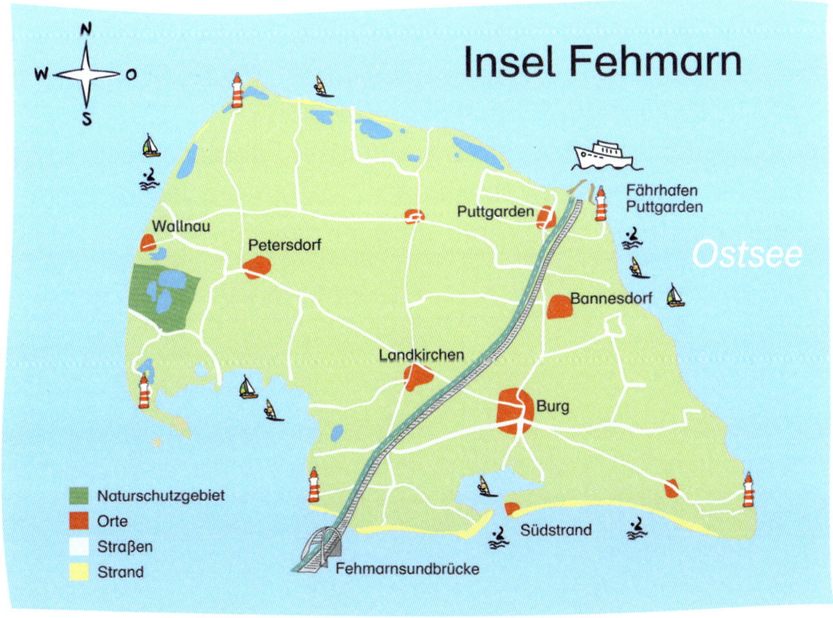

7 Was ist auf der Karte zu sehen? Schreibe auf.

Die Karte zeigt ______________________________

______________________________.

8 Man erreicht Fehmarn über eine Brücke. Finde die Brücke auf der Karte auf Seite 43. Schreibe ihren Namen auf.

9 Welche Orte liegen auf der Insel Fehmarn? Markiere sie.

Stralsund | *Burg* | *Kiel* | *Puttgarden* | *Wallnau* | *Landkirchen* | *Lübeck*

10 Schreibe auf, in welchem Ort das Meereszentrum ist.
Tipp: Lies noch einmal Abschnitt 2 des Textes.

Das Meereszentrum ist ______________________.

11 Wo findet das Drachenfest statt? Markiere die Stelle auf der Karte (Seite 43).

Das Drachenfest ist ______________________.

Schritt 4: Nach dem Lesen
Ich arbeite mit dem Inhalt des Textes.

12 Was würdest du gern auf der Insel Fehmarn unternehmen?
Schreibe ein Beispiel auf.

13 Du schlägst deiner Klasse eine Reise nach Fehmarn vor.
Schreibe eine Reise-Empfehlung. Stelle die Ferieninsel Fehmarn vor:
- Wo liegt die Insel? Wie kommt ihr dorthin?
- Was könnt ihr dort machen? Was könnt ihr euch ansehen?

Die Insel Fehmarn liegt ______________________.

Wir können ______________________

Leben am Wasser: Die Isar – lesen mit dem Lese-Profi

Du bereitest für das Forum der Schulhomepage eine Reiseempfehlung über den Besuch der Isar vor. Der folgende Text liefert dir erste Informationen.

Der Lese-Profi hilft dir beim Lesen und Verstehen des Textes.

Schritt 1: Vor dem Lesen
Ich sehe mir die Bilder an. Ich lese die Überschrift.

1 **a.** Sieh dir die Bilder an und lies die Überschrift.
b. Was siehst du unten auf den Bildern? Schreibe auf.

Bild 1: ____________________

Bild 2: ____________________

Bild 3: ____________________

Bild 4: ____________________

Schritt 2: Beim ersten Lesen
Ich lese den Text einmal im Ganzen durch.

2 Lies den Text einmal im Ganzen durch. Worum könnte es in dem Sachtext gehen? Schreibe deine Vermutungen in deinem Heft auf.

Die Isar – letzter Wildfluss in Deutschland

Der Fluss Isar beginnt als Quelle in Österreich im Karwendelgebirge. Auf diesem ersten Stück ist die Isar noch ein Wildfluss, der sich fast völlig frei entfalten kann. Das Wasser ist hier klar, türkisblau und eiskalt. Viele Tier- und Pflanzenarten haben hier ihr Zuhause gefunden, wie zum Beispiel der Flussregenpfeifer, Fischotter und die Gefleckte Schnarrschrecke.

Im weiteren Lauf des Flusses nach Norden nehmen Wildnis und Einsamkeit immer mehr ab. Entlang der Isar gibt es immer wieder Stauseen und Wasserkraftwerke. Der Sylvensteinstausee zum Beispiel wurde zum Hochwasserschutz im Isartal gebaut. Ein Wasserkraftwerk am Damm dient der Stromerzeugung. Im See versunken liegt das ehemalige Dorf Fall, das vor der Flutung abgerissen und einige Meter höher neu erbaut wurde. Der Sylvensteinsee ist mit seinem grünblauen Wasser und seinen strandähnlichen Ufern ein beliebtes Ausflugsziel.

Die Isar fließt danach mehr und mehr in bebaute Stadtgebiete. Von der Stadt Murnau aus lassen sich Floßfahrer mit der Strömung bis ins Münchner Stadtgebiet treiben. Jährlich fahren in den Sommermonaten bis zu 50 000 Touristen auf großen, bis zu 20 Tonnen schweren Flößen in die bayrische Hauptstadt. Zwischendurch laden viele Sand- und Kiesbänke zum Schwimmen und Sonnenbaden ein.

Die Isar fließt durch die bayrische Hauptstadt München. Zahlreiche Nebenbäche fließen teilweise auch unterirdisch in die Isar. Einer dieser Bäche ist der Eisbach. Hier gibt es eine weitere Attraktion: eine etwa halbmeterhohe sogenannte stehende Welle. Indem schnell fließendes Wasser auf stehendes Wasser trifft, entsteht eine Wasserwalze[1]. Gibt es nun an dieser Stelle noch ein Hindernis oder eine Rampe, wird eine stehende Welle erzeugt. Diese Welle wird vor allem von Surfern, aber auch von Kanufahrern genutzt, um mitten in der Großstadt zu surfen.

Die Isar verlässt am Englischen Garten[2] die Stadt und fließt weiter Richtung Freising und Landshut. In der Nähe von Deggendorf mündet sie nach fast 300 Kilometern in die Donau. Die Donau trägt das Isarwasser dann bis zum Schwarzen Meer.

1 Wasserwalze: Rückströmung in schnell fließendem Gewässer
2 Englischer Garten: große Parkanlage in München

Schritt 3: Beim genauen Lesen
Ich lese den Text genau: Satz für Satz und Abschnitt für Abschnitt.

3 Markiere in den letzten vier Abschnitten die Schlüsselwörter.

4 Welche Vermutungen von dir aus Aufgabe 2 haben sich bestätigt? Schreibe auf.

Es geht tatsächlich um ______________________________

______________________________.

Was in einem Abschnitt steht, gehört inhaltlich zusammen.

5 Ordne die Zwischenüberschriften aus dem Wortspeicher richtig zu und ergänze die beiden fehlenden.

Mit dem Floß unterwegs, Die Quelle, Die Mündung

Abschnitt 1: ______________________________

Abschnitt 2: ______________________________

Abschnitt 3: ______________________________

Abschnitt 4: ______________________________

Abschnitt 5: ______________________________

6 Beantworte die W-Fragen zum Text mithilfe der Schlüsselwörter.

- **Wo** liegt die Quelle der Isar?

  Die Isar entspringt ______________________.

- **Wie** verändert sich der Charakter des Flusses?

zu Beginn des Flussverlaufs	im weiteren Verlauf

- **Wie** heißen die Tiere, die an der Isar leben? Notiere ihre Namen zu den Bildern.

____________	____________	____________

- **Welche** Informationen bekommst du zu den Floßfahrten auf der Isar?

- **Was** für eine besondere Attraktion kann man auf dem Eisbach erleben?

- **Wo** und nach **wie vielen** Kilometern mündet die Isar in die Donau?

Unbekannte Wörter kannst du oft aus dem Textzusammenhang erklären.

7 Erkläre den Fachbegriff „Wasserkraftwerk" (Zeile 10).

8 Im Text wird das Phänomen der „stehenden Welle" erklärt. Beschreibe in deinem Heft mit eigenen Worten, wie eine „stehende Welle" in einem Fluss entsteht.

Die Karte liefert dir weitere Informationen.

9 Sieh dir die Karte genau an.
Was ist abgebildet?

____

____

10 Markiere den Verlauf der Isar auf der Karte mit einem Textmarker.

11 Bringe die Isar-Städte in die richtige Reihenfolge: Nummeriere von der Quelle bis zur Mündung und trage die Ziffern 1 bis 6 ein.

____ Wolfratshausen
____ Deggendorf
____ Mittenwald
____ Freising
____ Landshut
____ München

12 **a.** Markiere den Sylvensteinstausee (Speicher) auf der Karte.
b. Finde noch einen Stausee im weiteren Flussverlauf und markiere ihn.

Der Stausee heißt ______________________________.

13 Beschreibe in deinem Heft, was kurz hinter der Stadt München mit dem Fluss Isar passiert. Nutze den Wortspeicher.

teilt sich, Speichersee, Kanal

14 Schreibe mindestens zwei Flüsse auf, die in die Isar fließen.

Schritt 4: Nach dem Lesen
Ich arbeite mit dem Inhalt des Textes und der Grafik weiter.

15 Schreibe eine Reiseempfehlung für deine Mitschüler. Wähle dafür zwei Attraktionen an der Isar aus, die du vorstellen möchtest.
a. Schreibe einen vollständigen Text mit den Informationen, die du über die Attraktionen an der Isar gesammelt hast.
b. Finde eine Überschrift, die neugierig auf das Thema macht.
c. Benenne in der Einleitung das Thema deines Textes, z. B. indem du eine zentrale Fragestellung formulierst.
d. Schreibe den Hauptteil, indem du einfache und klare Sätze formulierst. Verwende die nötigen Fachbegriffe und erläutere sie, wenn es dir sinnvoll erscheint. Lasse eher unwichtige Informationen weg und schreibe sachlich.
e. Schreibe zum Schluss auf, warum ein Besuch an der Isar für deine Mitschüler lohnenswert ist.

Geschichten in Gedichten – *Balladen lesen und zusammenfassen*

In diesem Kapitel lese ich eine Ballade und fasse den Inhalt zusammen.

Balladen erzählen spannende Geschichten. Es gibt Figuren und eine Handlung. Mit den Handlungsbausteinen kann ich den Inhalt besser verstehen.

Ich untersuche den Inhalt der Ballade.
- Was verrät mir der Titel (die Überschrift)?
- Was sagen mir die Bilder?
- Wovon handelt die Ballade? Um welche Figuren geht es?
- Welche Geschichte wird erzählt? Wie endet die Geschichte?

Balladen haben die Form und Sprache eines Gedichts.

Ich untersuche die Form der Ballade.
- Wie viele **Strophen** (Abschnitte) hat die Ballade?
- Aus wie vielen **Versen** (Zeilen) bestehen die Strophen?
- Wie ist die Abfolge der Reime? Welche **Reimform** erkenne ich?

Reimformen

Der Paarreim Zwei aufeinanderfolgende Verse reimen sich.	**Der Kreuzreim** Die Reime sind über Kreuz angeordnet.	**Der umarmende Reim** Ein Paarreim wird umschlossen.
schwärmten – **a** lärmten – **a** rupften – **b** zupften – **b**	schwärmten – **a** rupften – **b** lärmten – **a** zupften – **b**	schwärmten – **a** rupften – **b** zupften – **b** lärmten – **a**

Ich untersuche die Sprache der Ballade.
- Welche Besonderheiten hat die Sprache in der Ballade?

Die Besonderheit	**Das Beispiel**	**Die Wirkung**
Klingende Sprache	*Und hüpften und trabten* *Und putzten und schabten …*	Ich kann mir das Geschehen gut vorstellen. Es wirkt lebendig und anschaulich.
Die wörtliche Rede	*O dass ich eine Närrin wär!* *Ein'n Käfer nehm ich nimmermehr.*	

Die Heinzelmännchen Seite 50
Die Launen der Verliebten Seite 53
Der Handschuh Seite 57

Die Heinzelmännchen – eine Ballade lesen

Früher erzählten sich die Menschen Geschichten von fleißigen Hausgeistern, die die ganze Arbeit machten. Die folgende Ballade erzählt von den Heinzelmännchen aus Köln.

1 Sieh dir die Bilder an. Was tun die Heinzelmännchen?
Schreibe einige Stichworte auf.

2 Lies nun den ersten Teil der Ballade.

Die Heinzelmännchen (1836) *August Kopisch*

Wie war zu Köln es doch vordem
Mit Heinzelmännchen so bequem!
Denn, **war man faul**, **man legte sich**
Hin **auf die Bank** und pflegte sich:
Da **kamen bei Nacht**,
Ehe man's gedacht,
Die **Männlein** und **schwärmten**
Und **klappten** und **lärmten**
Und **rupften**
Und **zupften**
Und **hüpften** und **trabten**
Und **putzten** und **schabten**,
Und eh ein Faulpelz noch erwacht,
War all sein Tagewerk* bereits gemacht!

Die **Zimmerleute**** streckten sich
Hin auf die Spän'*** und reckten sich.
Indessen kam die Geisterschar
Und sah, was da zu zimmern war.
Nahm Meißel und Beil
Und die Säg' in Eil;
Und **sägten** und **stachen**
Und **hieben** und **brachen**,
Berappten
Und **kappten**,
Visierten wie Falken
Und **setzten die Balken**.
Eh sich's der Zimmermann versah,
Klapp, stand **das ganze Haus** schon **fertig** da!

* die tägliche Arbeit

** Handwerker, die das Holzgerüst des Hauses bauen

*** die Holzbänke

Beim **Bäckermeister** war nicht Not,
Die Heinzelmännchen **backten Brot**.
Die faulen Burschen* legten sich,
Die Heinzelmännchen regten sich –
Und **ächzten** daher
Mit den Säcken schwer!
Und **kneteten** tüchtig
Und **wogen** es richtig
Und **hoben**
Und **schoben**
Und **fegten** und **backten**
Und **klopften** und **hackten**.
Die Burschen schnarchten noch im Chor:
Da rückte schon **das Brot**, das neue, vor!

*junge Männer, die in der Backstube mitarbeiten

3 Wem helfen die Heinzelmännchen? Kreuze die richtigen Antworten an.

- ☐ den Kindern aus Köln
- ☐ den Zimmerleuten, die Häuser bauen
- ☐ dem Bäckermeister und seinen Burschen
- ☐ den Faulpelzen aus Köln
- ☐ der Bürgermeisterin
- ☐ dem Malermeister

**Der Dichter verwendet in der Ballade eine besondere Sprache.
Es ist eine klingende Sprache.**

4 Was tun die Heinzelmännchen alles? Schreibe Wörter aus der Ballade auf.

	Das tun die Heinzelmännchen:
bei einem Faulpelz	*sie schwärmten, klappten, lärmten,*
bei den Zimmerleuten	*sie*
beim Bäckermeister	*sie*

5 Welche Wirkung hat die Sprache auf dich? Kreuze an.

- ☐ Man kann fast hören, was die fleißigen Heinzelmännchen alles tun.
- ☐ Ich kann mir gut vorstellen, wie schnell die Heinzelmännchen arbeiten.

Die Heinzelmännchen kommen nur in der Nacht.

6 Was könnte der Grund dafür sein? Wähle eine Antwort aus, die deiner Meinung nach am besten passt.

- ☐ Die Heinzelmännchen wollen nicht erkannt werden.
- ☐ Sie wollen ihre Arbeit ungestört machen.
- ☐ Sie machen ihre Arbeit nicht gut.

**In einer Nacht kommen die Heinzelmännchen auch zum Schneider.
Doch was tut die Frau des Schneiders? Du liest das spannende Ende.**

Neugierig war des **Schneiders Weib***
Und macht sich diesen Zeitvertreib:
Streut Erbsen hin die andre Nacht.
Die Heinzelmännchen kommen sacht;
Eins fährt nun aus,
Schlägt hin im Haus,
Die gleiten von Stufen
Und plumpen in Kufen,
Die fallen
Mit Schallen,
Die **lärmen** und **schreien**
Und **vermaledeien**!
Sie springt hinunter auf den Schall
Mit Licht: husch husch husch husch! –
Verschwinden all!

O weh! nun sind sie alle fort
Und keines ist mehr hier am Ort!
Man kann nicht mehr wie sonsten ruhn,
Man muss nun alles selber tun!
Ein jeder muss fein
Selbst fleißig sein […].
Ach, dass es noch wie damals wär'!
Doch kommt die schöne Zeit nicht wieder her! V

* die Frau des Schneiders

7 Was passiert mit den Heinzelmännchen? Schreibe auf.

____

____

fallen hinunter, schimpfen, verschwinden für immer

8 Wie verändert sich nun das Leben der Menschen in Köln? Markiere passende Verse in der letzten Strophe.

Die Launen der Verliebten – eine Ballade lesen und zusammenfassen

Diese Ballade erzählt in Strophen und Reimen von einem Heiratsantrag und seinen Folgen.

1 Sieh dir zuerst das Bild an und lies die Überschrift.
Wovon könnte die Ballade erzählen? Schreibe deine Vermutung auf.

2 Lies nun den Anfang der Ballade.

Die Launen der Verliebten (1854) *Heinrich Heine*

Der Käfer saß auf dem Zaun, betrübt;
Er hat sich in eine Fliege verliebt.

„Du bist, o Fliege meiner Seele,
Die Gattin, die ich auserwähle.

Heirate mich und sei mir hold!
Ich hab einen Bauch von eitel Gold.

Heirate mich und hab mich lieb!

Mein Rücken ist eine wahre Pracht;
Da flammt der Rubin, da glänzt der Smaragd."

„O dass ich eine Närrin wär!
Ein'n Käfer nehm ich nimmermehr.

Einen Käfer heirate ich niemals.

Mich lockt nicht Gold, Rubin und Smaragd;
Ich weiß, dass Reichtum nicht glücklich macht.

Nach Idealen* schwärmt mein Sinn,
Weil ich eine stolze Fliege bin." –

* Ideale: bestimmte Vorstellungen und Wünsche

3 Was erfährst du über den Käfer und die Fliege? Kreuze an.

- ☐ Der Käfer findet die Fliege uninteressant.
- ☐ Der Käfer ist in die Fliege verliebt und möchte sie heiraten.
- ☐ Die Fliege möchte keinen Käfer heiraten und sagt Nein.
- ☐ Die Fliege möchte den Käfer heiraten und sagt Ja.

Mit den Handlungsbausteinen kannst du die Ballade besser verstehen.

4 Welchen Wunsch hat der Käfer? Schreibe den passenden Vers auf.

Vers 5: ______________________________

5 Der Käfer hält sich für etwas Besonderes.
Schreibe ein Beispiel aus dem Text auf.

____

6 Wie reagiert die Fliege auf den Heiratsantrag?
Schreibe es in deinen Worten auf.

____

____

7 Welche Ideale (Vers 13) könnte die Fliege meinen? Kreuze an.

☐ ein schönes Haus ☐ wahre Liebe ☐ eine Familie
☐ ewige Treue ☐ kostbaren Schmuck ☐ Geld

So geht die Ballade weiter.

Der Käfer flog fort mit großem Grämen*;
Die Fliege ging ein Bad zu nehmen.

„Wo ist denn meine Magd, die Biene,
Dass sie beim Waschen mich bediene;

Dass sie mir streichle die feine Haut,
Denn **ich bin eines Käfers Braut**.

Wahrhaftig, ich mach **eine große Partie**;
Viel schöneren Käfer gab es nie.

Sein Rücken ist eine wahre Pracht;
Da flammt der Rubin, da glänzt der Smaragd. […]

Spute dich, Bienchen, und frisier mich,
Und schnüre die Taille und parfümier mich;

Reib mich mit Rosenessenzen und gieße
Lavendelöl auf meine Füße,

Damit ich gar nicht stinken tu,
Wenn ich in des Bräutgams Armen ruh.“ […]

* sich grämen: unglücklich sein

8 Wie reagiert der Käfer auf die Ablehnung der Fliege?
Lies noch einmal Vers 15. Ergänze den Satz.

enttäuscht, gekränkt, unglücklich, erleichtert

Der Käfer ist ______________________________ und fliegt weg.

9 Aber die Fliege ändert auf einmal ihre Meinung.
Was tut sie? Kreuze an.

- ☐ Sie fliegt dem Käfer hinterher.
- ☐ Sie schwärmt von dem Käfer.
- ☐ Sie macht sich für den Käfer schön.
- ☐ Sie entschuldigt sich bei dem Käfer.

Die Ballade endet nicht glücklich.

„Viel Musikanten sind eingeladen,
Auch Sängerinnen, vornehme Zikaden*. […]
Sie sollen aufspielen zum **Hochzeitsfest** –
Schon kommen die bunt beflügelten Gäst',

Schon kommt die Familie, geputzt und munter;
Gemeine Insekten sind viele darunter. […]

Die Glocken läuten, bim-bam, bim-bam –
Wo bleibt mein liebster Bräutigam?" – –

Bim-bam, bim-bam, klingt Glockengeläute,
Der Bräutgam aber flog fort ins Weite.

Die Glocken läuten, bim-bam, bim-bam –
Wo bleibt mein liebster Bräutigam?

Der Bräutigam hat unterdessen
Auf einem fernen Misthaufen gesessen.

Dort blieb er sitzen sieben Jahr,
Bis dass die Braut verfaulet war. V

* die Zikade: ein zirpendes Insekt

10 Warum kann das Hochzeitsfest nicht stattfinden? Erkläre.

____

____

____

11 Wie endet die Ballade?
Markiere im Text, was mit dem Käfer und der Fliege geschieht.

Du kannst den Inhalt der Ballade zusammenfassen.

12 Nenne den Titel der Ballade, den Dichter und das Thema. Ergänze den Satz.

Heinrich Heine | unglücklichen Liebe | Die Launen der Verliebten

Die Ballade ______________________________

von ______________________________

erzählt von einer ______________________________.

13 Fasse nun den Inhalt der Ballade kurz zusammen.
Nummeriere die Sätze in der richtigen Reihenfolge.

____ Ein Käfer hat sich in eine Fliege verliebt und möchte sie heiraten.

____ Am Ende stirbt die Fliege.

____ Die Fliege lehnt ab und der Käfer fliegt beleidigt davon.

____ Aber der Käfer kommt nicht zurück.

____ Die Fliege ändert ihre Meinung und bereitet sich auf die baldige Hochzeit vor.

Balladen haben die Form und Sprache eines Gedichts.

14 Untersuche die Reime in der Ballade.

▶ Wissen kompakt, S. 49

a. Markiere die Reimwörter in den folgenden Strophen.

„Du bist, o Fliege meiner Seele,
Die Gattin, die ich auserwähle.

Heirate mich und sei mir hold!
Ich hab einen Bauch von eitel Gold."

b. Welche Reimform erkennst du? Kreuze an.

☐ Paarreim (aabb) ☐ Kreuzreim (abab)

Durch die wörtliche Rede wird das Geschehen in der Ballade lebendig.

15 a. Lies noch einmal die beiden Strophen oben in Aufgabe 14.
b. Wie würdest du diesen Heiratsantrag formulieren? Schreibe auf.

____

____

____

Der Handschuh – eine Ballade lesen und zusammenfassen

Diese Ballade erzählt von einem Tierkampf. König Franz, seine adeligen Damen und auch Ritter Delorges schauen dem Kampf vom Balkon aus zu.

1 Worum könnte es in der Ballade gehen?
a. Sieh dir die Bilder an und lies die Überschrift.
b. Vermute, worum es in der Ballade gehen könnte.

2 Lies die Ballade.

Der Handschuh (1797) *Friedrich Schiller*

Vor seinem Löwengarten,
Das Kampfspiel zu erwarten,
Saß König Franz[1],
Und um ihn die Großen der Krone,
Und rings auf hohem Balkone
Die Damen in schönem Kranz.

Und wie er winkt mit dem Finger,
Auf tut sich der weite Zwinger[2],
Und hinein mit bedächtigem Schritt
Ein Löwe tritt,
Und sieht sich stumm
Rings um,
Mit langem Gähnen,
Und schüttelt die Mähnen,
Und streckt die Glieder,
Und legt sich nieder.

Und der König winkt wieder,
Da öffnet sich behend[3]
Ein zweites Tor,
Daraus rennt
Mit wildem Sprunge
Ein Tiger hervor.
Wie der den Löwen erschaut,
Brüllt er laut,
Schlägt mit dem Schweif
Einen furchtbaren Reif,
Und recket die Zunge,
Und im Kreise scheu
Umgeht er den Leu[4]
Grimmig schnurrend;
Drauf streckt er sich murrend
Zur Seite nieder.
Und der König winkt wieder,
Da speit das doppelt geöffnete Haus
Zwei Leoparden auf einmal aus,
Die stürzen mit mutiger Kampfbegier
Auf das Tigertier,

1 König Franz: Franz I., König von Frankreich (1515–1547), liebte kostspielige Feste, bei denen er Tierkämpfe veranstaltete
2 Zwinger: hier: Tiergehege
3 behend: alte Schreibweise für behände: schnell
4 Leu: poetischer Ausdruck für Löwe

Das packt sie mit seinen grimmigen Tatzen,
Und der Leu mit Gebrüll
Richtet sich auf, da wirds still,
Und herum im Kreis,
Von Mordsucht heiß,
Lagern die greulichen[1] Katzen.

Da fällt von des Altans[2] Rand
Ein Handschuh von schöner Hand
Zwischen den Tiger und den Leun
Mitten hinein.

Und zu Ritter Delorges spottenderweis
Wendet sich Fräulein Kunigund:
„Herr Ritter, ist Eure Lieb so heiß,
Wie Ihr mirs schwört zu jeder Stund,
Ei, so hebt mir den Handschuh auf."

Und der Ritter in schnellem Lauf
Steigt hinab in den furchtbarn Zwinger
Mit festem Schritte,
Und aus der Ungeheuer Mitte
Nimmt er den Handschuh mit keckem Finger.

Und mit Erstaunen und mit Grauen
Sehens die Ritter und Edelfrauen,
Und gelassen bringt er den Handschuh zurück.
Da schallt ihm sein Lob aus jedem Munde,
Aber mit zärtlichem Liebesblick –
Er verheißt ihm sein nahes Glück –
Empfängt ihn Fräulein Kunigunde.
Und er wirft ihr den Handschuh ins Gesicht:
„Den Dank, Dame, begehr ich nicht",
Und verlässt sie zur selben Stunde.

1 greulichen: grausam, furchterregend
2 Altan: eine offene, auf Stützen oder Mauern ruhende Plattform am Obergeschoss eines Gebäudes

3 Welche deiner Vermutungen zum Inhalt der Ballade haben sich bestätigt, welche nicht?

Balladen erzählen Geschichten. Mithilfe der Handlungsbausteine kannst du die Ballade besser verstehen.

4 Welche Figuren kommen in der Ballade vor?
a. Schreibe zu jeder Person und zu jedem Tier einen Satz auf.

König Franz veranstaltet einen Tierkampf.

Ein Löwe

b. Schreibe auch auf, in welcher Situation sich die Personen befinden oder was sie gerade machen.

König Franz winkt die Tiere nacheinander in die Arena.

5 Kunigunde äußert in den Versen 50 bis 52 einen Wunsch gegenüber dem Ritter Delorges.

a. Formuliere mit eigenen Worten, was sie sich wünscht.

b. Was könnte den Ritter daran hindern, ihren Wunsch zu erfüllen?

c. Wie reagiert der Ritter Delorges?

6 Der Ritter erwidert als Reaktion folgenden Satz: *„Den Dank, Dame, begehr ich nicht."*

a. Wie könnte man das heutzutage ausdrücken? Schreibe auf.

b. Welches Adjektiv passt am besten zum Charakter des Ritters? Kreuze an.

☐ unterwürfig ☐ stolz ☐ mutig ☐ verliebt

c. Erkläre, warum der Ritter am Ende so reagiert hat. Lies dafür das Hintergrundwissen.

Hintergrundwissen

Das Symbol des Handschuhs war im Mittelalter und bei den Rittern ein Zeichen für eine Anerkennung und ein Einverständnis. Bekam ein Ritter von einer Dame einen Handschuh überreicht, war dies ein Ausdruck ihrer Zuneigung und Zeichen ihrer Liebe. Jemandem einen Handschuh ins Gesicht zu schlagen, war hingegen eine Beleidigung und kündigte die Liebe auf.

Nun kannst du den Inhalt der Ballade zusammenfassen.

7 Beginne mit der Einleitung und benenne darin die wichtigen Informationen. Schreibe im Präsens (Gegenwart).

Die Ballade ______ *von* ______ *aus dem Jahr*
______ *handelt von* ______
______.

8 **a.** Schreibe nun den Hauptteil und fasse den Inhalt mithilfe der Handlungsbausteine zusammen. Verwende deine Antworten aus den Aufgaben 1 bis 6. Schreibe in dein Heft.
b. Beende deine Inhaltsangabe mit einem Schlusssatz und beurteile das Verhalten des Ritters.

Balladen haben die Form und Sprache eines Gedichts.

9 **a.** Wie viele Strophen und Verse hat die Ballade? Schreibe einen Satz dazu auf.

______

b. Welche Reimformen kommen in der Ballade vor? Kreuze alle an, die vorkommen.

☐ Paarreim ☐ Kreuzreim ☐ umarmender Reim

Die Geschichte einer Ballade ist meistens dramatisch.
Durch wörtliche Rede wird das Geschehen lebendig und anschaulich.

10 Ergänze den Lückentext mit den passenden Begriffen aus dem Wortspeicher.

Kunigunde | Spannung | Tiger | wörtliche | Wendepunkt | Löwe | der Handschuh

Durch die ______ Rede der Personen wird das Geschehen lebendig und anschaulich. Wie in einer Erzählung wird die Handlung ausgeschmückt. Wörter wie „grimmig“ (V. 30), „stürzen“ (V. 36) und „Kampfbegier“ (V. 36) steigern die ______ des Tierkampfes. Der Höhepunkt wird nach dem Gebrüll des Löwen erreicht, „da wirds still“ (V. 40), dann fällt ______ zwischen ______ und ______ (V. 45). Wie in einem dramatischen Text gibt es auch einen ______. Der Ritter handelt anders als gedacht, er wirft ______ den Handschuh ins Gesicht.

Kristina, Vivi & Co – *sich literarischen Figuren nähern*

In diesem Kapitel lese ich Ausschnitte aus einem Jugendbuch.
Ich lese etwas über die Hauptfiguren.

Die Handlungsbausteine helfen mir, das Jugendbuch zu verstehen.

Die Handlungsbausteine	Die Fragen
die Figuren und die Situation	– Wer ist die Hauptfigur? – Wie sieht die Figur aus? – Wie geht es der Figur? In welcher Lage ist sie?
der Wunsch	– Welchen Wunsch hat die Figur?
das Problem / das Hindernis	– Welches Problem hat die Figur?
die Reaktion / der Lösungsweg	– Wie löst die Figur das Problem?
das Ende*	– Wie endet die Geschichte?

* Wie die Geschichte endet, erfährst du natürlich erst, wenn du das ganze Buch gelesen hast.

Eine literarische Figur ist eine Person in einem Buch.
Eine Autorin oder ein Autor hat sich diese Person ausgedacht.
Um eine Figur besser zu verstehen, kann ich sie genauer untersuchen.
Folgende Fragen helfen mir dabei:

Wie heißt die Figur? Wie alt ist sie?	– *Kristina, 12 Jahre alt* – *Vivi*
Wie und wo lebt die Figur?	– *mit ihrer Mutter, in einer Stadt*
Was denkt und fühlt die Figur?	– *langweilt sich* – *ist stolz auf ihr Graffiti Zeichen* – *macht sich Sorgen, gerät in Panik*
Was mag die Figur? Was wünscht sie sich?	– *mag beim Sprayen das Kribbeln im Bauch* – *möchte etwas Spannendes erleben* – *hat gern Spaß mit ihren Freunden*
Wie verhält sich die Figur in einer bestimmten Situation?	– *lässt einen fremden Jungen in die Wohnung* – *kreischt, versucht, sich durchzusetzen*
Welche Eigenschaften hat die Figur?	– *neugierig, kann gut malen* – *lustig, verantwortungsbewusst*

Kristina Seite 62
Kristina Seite 64
Vivi und Olli Seite 68

Kristina – die Hauptfigur besser verstehen

Du liest Ausschnitte aus dem Buch Die Mutprobe von Carolin Philipps. Kristina ist die Hauptfigur. Sie ist 12 Jahre alt und lebt mit ihrer Mutter in einer Wohnung. Die Mutter arbeitet bis spät nachts und Kristina muss oft allein bleiben. Doch dann passiert etwas.

1 Sieh dir das Bild an. Lies den Text.

Eigentlich ist es ein ganz normaler Nachmittag. Kristina ist **allein zu Hause** – wie immer. Wenn sie mittags aus der Schule kommt, ist ihre Mutter schon weg. [...] Kristina ist gerade auf dem Weg vom Wohnzimmer in die Küche. Sie will sich ein Stück Pizza aus dem Backofen holen. Plötzlich hört sie **laute Stimmen im Hausflur**. Kristina schaut neugierig durch den Türspion*. Nichts zu sehen. Dann aber hört sie, wie jemand die Treppe heraufrennt. Jetzt wird **heftig gegen die Tür geschlagen**. Kristina springt **erschrocken** zwei Schritte zurück. „**Aufmachen**! Bitte aufmachen!", brüllt **eine Jungenstimme**. **Vorsichtig**, auf Zehenspitzen, schleicht Kristina zurück zur Tür und schaut erneut durch den Spion. Zwei Augen, die vor Angst ganz groß sind, starren sie von der anderen Seite an. „Aufmachen! Bitte!!" V

* der Spion: hier: ein Guckloch in der Wohnungstür

2 In welcher Situation befindet sich Kristina? Markiere die richtigen Aussagen.

Kristina ist allein in der Wohnung. | *Sie hat Freunde eingeladen.*
Die Tür ist offen. | *Die Tür ist verschlossen.* | *In der Tür ist ein Spion.*
Ein Junge schlägt gegen die Tür. | *Vor der Tür steht ein Mann.*

3 Wie fühlt sich Kristina? Ergänze passende Adjektive.

neugierig, fröhlich, ängstlich, vorsichtig genervt, erschrocken

Die lauten Stimmen machen Kristina

zuerst ______________________________.

Aber als jemand heftig gegen die Tür schlägt,

ist Kristina ______________________________.

Schließlich geht sie ______________________ zur Tür.

4 Lies, wie es weitergeht.

Die Stimme klingt **so verzweifelt**, dass Kristina **ohne nachzudenken** den Riegel zurückschiebt. Das hat ihre **Mutter streng verboten**. Kaum hat Kristina die **Tür einen Spalt geöffnet**, da wird sie heftig aufgestoßen. Die Tür prallt gegen ihren Arm. Kristina **fällt hin**. **Ein Junge**, vielleicht 14 Jahre alt, stolpert in die Wohnung. Er schlägt die Tür mit einem Knall hinter sich zu und schiebt den Riegel vor. Dann rutscht er erschöpft an der Tür entlang auf den Boden. „Pff! Das war knapp", keucht er. Kristina betrachtet ihn **wütend**. V

Du kannst dich in Kristinas Situation hineinversetzen.

5 Obwohl die Mutter es verboten hat, öffnet Kristina die Tür. Warum?

a. Markiere eine passende Stelle im Text.

b. Schreibe einen Satz auf.

Kristina öffnet die Tür, weil ______________________________

______________________________.

6 Nach dem Öffnen der Tür ist Kristina wütend. Warum?
Markiere die Gedanken und Gefühle, die du passend findest.

Mein Arm tut weh!

Was will der Junge hier?

Der denkt ja nur an sich!

Mama hat es verboten.

Mensch, hat der mich erschreckt!

7 Überlege, wie es weitergehen könnte.
Was sagt Kristina? Was sagt der Junge? Schreibe deine Ideen auf.

Kristina: ______________________________

____

Junge: ______________________________

____

Kristina – die Hauptfigur besser verstehen

Du liest Ausschnitte aus dem Buch Die Mutprobe von Carolin Philipps. Die zwölfjährige Kristina ist die Hauptfigur. Sie ist oft allein zu Hause und langweilt sich. Dann lernt sie Tobias kennen, den Anführer einer Sprayer-Bande. Und nun wird es aufregend.

1 Sieh dir das Bild an. Lies den Text.

Eines Abends*, als Kristina gerade ins Bett gehen wollte, klingelte es. Tobias stand vor der Tür. „**Wir gehen auf Spraytour**. Hast du Lust mitzukommen?" Ob sie Lust hatte? Der Nachmittag war **todlangweilig** gewesen […]. Als sie **am Parkhaus** ankamen, mussten sie noch eine Weile warten, weil so viele Leute rein- und rausfuhren. Dann endlich konnte es losgehen. Auch Kristina bekam eine **Dose mit schwarzer Farbe** in die Hand gedrückt und durfte in einer Ecke **üben**. **Sie war sehr aufgeregt. Malen konnte sie gut**, aber es war schon ein Unterschied, ob man einen Bleistift oder eine Spraydose in der Hand hielt. Und radieren konnte man auch nicht. Man musste vorher genau wissen, was man wo hinsprühte. **Kristina geriet ins Schwitzen**. Allmählich verstand sie, warum Patrick so stolz auf seine Bilder war. Es war **nicht einfach**. Bei den Jungen dagegen merkte man, dass sie schon viel Übung hatten. Tobias legte gleich mit Schwung los. Er malte immer das Gleiche. […] Sven arbeitete mit Patrick zusammen auf der anderen Seite. V

* Kristinas Mutter arbeitet bis spät in die Nacht.

2 Welchen Wunsch hat Kristina? Kreuze die passenden Antworten an.

- ☐ Sie möchte etwas Spannendes erleben.
- ☐ Sie möchte keine Langeweile mehr haben.
- ☐ Sie möchte ihre Mutter überraschen.

3 Wie fühlt sich Kristina beim Sprayen? Ergänze den Satz.

Kristina ist ____________________, weil ____ ____.

sicher, aufgeregt, gelangweilt, cool

Du erfährst etwas über Kristinas Verhalten und ihre Gefühle.

4 Was kannst du über Kristina sagen? Markiere passende Aussagen.

Kristina bewundert die Jungen. | *Kristina denkt an ihre Mutter.*
Kristina kann gut malen. | *Kristina ist eine Anfängerin.*
Sie findet das Sprayen schwierig. | *Sie findet das Sprayen gefährlich.*

5 Warum sind Kristina und die Jungen spät abends unterwegs?
Schreibe deine Vermutung auf.

____

____

6 Lies nun, wie es weitergeht.

Sie waren fast fertig, als plötzlich **mehrere Schatten** aus dem Haus auf sie zurannten. Das Schlimmste aber war der **Hund**. Er bellte und sprang hinter Tobias her. Kristina ließ **vor Schreck** die Dose fallen und **rannte wie verrückt** los. Keiner kümmerte sich um den anderen. Sie rannten in alle Richtungen auseinander. Aber sie wurden nicht erwischt.

7 Was passiert den Jugendlichen an diesem Abend? Kreuze an.

- ☐ Sie geraten in einen Streit.
- ☐ Sie werden von der Polizei erwischt.
- ☐ Sie werden von mehreren Leuten und einem Hund verjagt.

8 **a.** Markiere im Text, wie Kristina in der Situation reagiert.
b. Schreibe auf, wie sie sich fühlt.

Kristina ist ______________________________.

erstaunt, erschrocken, erschöpft, panisch

Du kannst dich in Kristinas Situation hineinversetzen.

9 Was könnte Kristina nach diesem Erlebnis denken?
Schreibe einen Satz in der Ich-Form.

Ich ______________________________

______________________________.

Das Sprayen ist verboten. Macht Kristina trotzdem weiter mit?

10 Sieh dir das Bild an. Lies den Text.

Das Sprayen wurde **immer gefährlicher**, aber genau **darin lag der Reiz**. Dieses **Kribbeln im Bauch**, nach dem man süchtig werden konnte. Selbst Kristina, die doch erst seit Kurzem dabei war, wurde ganz unruhig, wenn sie einmal drei Tage hintereinander zu Hause sitzen musste, ohne dass Tobias kam, um sie abzuholen. Es gab **so einen irren Kick**, wenn man nachts unterwegs war, die Dosen in der Jacke. […]
Kam Tobias einmal nicht, um sie abzuholen, übte sie Bilder und Muster – bis sie endlich **ihr Zeichen** gefunden hatte: ein gelbes „K", darin kunstvoll verschlungen ein schwarzes „a", der letzte Buchstabe ihres Namens.
Es war ein großes Ereignis, als sie dieses Zeichen das erste Mal an eine Hauswand sprayte. Die Jungen klatschten begeistert Beifall und Kristina hatte **das Gefühl, dass sie jetzt wirklich dazugehörte**.
Inzwischen leuchtete an verschiedenen Stellen im Wohngebiet das große gelbe „K" mit dem schwarzen „a". Manchmal ganz versteckt in einer Ecke, manchmal fast einen Meter groß, sodass jeder, der vorbeiging, es bemerken musste.
Kristina **fühlte sich richtig gut**, wenn sie daran vorbeikam. V

11 Kristina sprüht ihr Zeichen an eine Hauswand.
Wie reagieren die Jungen darauf? Kreuze an.

Die Jungen sind ☐ begeistert. ☐ neidisch. ☐ gleichgültig.

12 **a.** Wie fühlt sich Kristina jetzt? Ergänze.

stolz, glücklich, gut, wichtig, zufrieden

Kristina ______________________________

______________________________.

b. Schreibe zwei Textstellen auf, die Kristinas Gefühle beschreiben.

____

____

____

____

Du hast etwas über die Hauptfigur Kristina gelesen. Du verstehst nun ihr Verhalten und ihre Gefühle.

13 Welchen Eindruck hast du von Kristina?
Kreuze einen Satz an, der am besten zu deiner Meinung passt.
Oder schreibe selbst einen Satz auf.

- ☐ Kristina weiß, dass das Sprayen gefährlich ist. Trotzdem macht sie mit, weil es ihr einen besonderen Kick gibt.
- ☐ Für Kristina ist es am wichtigsten, dass sie mit den Jungen der Sprayer-Bande zusammen sein kann. Deshalb macht sie mit.
- ☐ Kristina ist stolz darauf, ihr eigenes Zeichen in der Siedlung zu sehen. Deshalb macht sie mit.

Du kannst aus der Sicht der Hauptfigur schreiben.

14 Stell dir vor, du wärst Kristina.
Du bekommst eine E-Mail von deiner Freundin Lisa.

> Hi Kristina,
> dein Zeichen sieht super aus! Danke für das Foto. ☺
> Aber ehrlich gesagt finde ich es ziemlich gefährlich, dass du abends mit den Jungen zum Sprayen unterwegs bist. Warum machst du das denn? Ich habe mal gegoogelt: Es ist Sachbeschädigung. Das kann richtig teuer werden, wenn man euch erwischt. Es gibt aber auch Stellen, wo das Sprayen erlaubt ist. Was denkst du darüber? Schreib mir!
>
> ♥ deine Lisa

Schreibe eine Antwort aus der Sicht von Kristina.
Schreibe in dein Heft. Die Stichworte helfen dir.

Hallo Lisa | Hi Lisa | danke | aufregend | bin so stolz auf mein Zeichen | tolles Gefühl | Kribbeln im Bauch | … | LG | Liebe Grüße | deine Kristina

Hi Lisa,
du fragst, warum ich das überhaupt mache. Ich …

Vivi und Olli – sich literarischen Figuren nähern

Auf den folgenden Seiten lernst du Vivi und ihre Freunde aus dem Buch Helden der City von Kristina Dunker kennen.

Vivi und ihre Freunde sind auf der Suche nach Abenteuern. Sie wollen ungewöhnliche Dinge erleben und sich ihren Mut beweisen. Auf ihrer Suche gelangen sie in eine verlassene Fabrikhalle. Hier hängt ein Kranhaken an einem langen Seil von der Decke. Als die Jungen ihn sehen, will jeder von ihnen daran schaukeln. Vivi und ihre Freundin Mone schauen zu, bis Vivi eine Idee hat.
Das folgende Erlebnis wird aus der Sicht von Vivi in der Ich-Form erzählt.

1 Welche Idee könnte Vivi haben? Schreibe deine Gedanken auf.

2 Lies nun den Text.

Wir beobachten Olli und Hendrik, die sich gegenseitig durch die Halle jagen, beschimpfen und lachen und sich um den Kranhaken rangeln.
„Wenn der jetzt noch funktionieren würde, könnten wir die beiden einfach unter die Decke ziehen und sich da oben austoben lassen", sage ich und Mone stößt mich an: „Du, vielleicht funktioniert der noch. Ich glaube, da vorne ist die Steuerung!"
Sie zeigt auf ein paar Stahlseile an der Decke und eine Strippe in der Nähe der Hallenwand. Ein paar schnelle Schritte und wir haben sie erreicht. Es ist tatsächlich die Steuerung, super.
„Mach mal, Vivi, drück mal, das muss der Aufwärtsknopf sein ... genau, warte, jetzt hängen sie beide dran. Ja, es funktioniert noch, klasse!"
Wir jubeln und schütteln uns vor Lachen, als Hendrik und Olli plötzlich das Gleichgewicht verlieren, sich fast auf die Nase legen und verdattert zugucken, wie der Kranhaken ohne sie zur Decke schwebt.
„Toll, ich hätte nicht gedacht, dass das noch geht." Hendrik kommt angelaufen. „Probier mal, geht's auch runter? Ja! Perfekt! Los, wer lässt sich mal raufziehen?"
„Immer der, der so doof fragt", antworte ich und grinse.
„Na gut. Ich fang an." Hendrik rennt wieder rüber, packt den Kranhaken.
„Aber wenn ich Stopp rufe, heißt das auch Stopp!"
Ich nicke. Was denkt er denn von mir, glaubt er, ich würde ihn da oben verhungern lassen?
„Lass mich mal", mischt sich Olli ein und will mich wegdrängen.
„Nee, erst ich."
„Nee, bebebe", äfft er mich nach und trollt sich.
Ich starte und Hendrik lässt sich tatsächlich nach oben ziehen, seine Füße heben ab, ein paar Zentimeter, zwanzig, dreißig, dann mehr.
„Reicht dir das?", rufe ich.
„Mach noch 'n Stück, das ist wie Fliegen!"

Ich lache und lasse ihn in zwei Meter Höhe in der Luft hängen. Witzig sieht das aus, er baumelt da oben, schwingt mit den Beinen, lacht.

„Reicht. Runter!"

Vorsichtig versucht er, mit den Füßen wieder Halt auf dem Boden zu finden, strauchelt ein bisschen, steht dann aber und strahlt.

„Das ist toll. Wer jetzt?"

„Ich", antwortet Metan und Olli fragt: „Willst du Hendriks Rekord brechen?"

„Nein! Nur einfach so!"

„Und ab!", rufe ich und hieve Metan in die Höhe.

„Der will dich toppen!", sagt Olli zu Hendrik, als Metan etwa dessen Höhe erreicht und noch immer nicht Stopp gerufen hat.

„Der hat eben was in den Armen", meint Mone.

„Metan ist der Beste", plappert Sven, und da mir die Höhe, in der Metan mittlerweile herumschwirrt, selbst etwas mulmig wird, verkünde ich eigenmächtig:

„Schluss jetzt. Ich lasse dich runter."

Doch plötzlich ist Olli an meiner Seite, drängt mich von der Steuerung weg und schreit: „Wenn er noch nicht Stopp gesagt hat, kommt er auch nicht runter!"

„Stopp!", schreit Metan. „Stopp! Stoooooopp!"

„Ich höre nichts. Hörst du was?", wendet sich Olli an Hendrik.

„Nö." […]

Metan schreit jetzt alles Mögliche. „Hilfe!" – „Stopp, hab ich gesagt!" – „Ich kann mich nicht mehr halten!", und so weiter.

„Das könnt ihr doch nicht machen!", beschwere ich mich. „Wir haben gesagt, dass Stopp wirklich Stopp heißt."

„Er hat doch noch gar nicht Stopp gesagt", höhnt Olli und die anderen lachen.

„Seid ihr taub?", kreische ich und versuche, Olli von der Steuerung wegzuzerren. Sie können ihn doch nicht bis unter die Hallendecke fahren! Mein Gott, das sind zehn Meter oder so! Wie soll er sich denn halten können? „Ihr bringt ihn um!", brülle ich außer mir und auch Mone ist auf einmal blass geworden, sieht Metan in schwindelnder Höhe, flüstert: „Mensch, Leute, hört auf!"

3 Liste auf, welche Figuren in diesem Abschnitt vorkommen.

4 Wie beurteilst du die Situation? Wähle eine Aussage aus und begründe deine Meinung.

A. Man merkt, dass die Jugendlichen sich eigentlich gut verstehen. Sie machen nur Spaß.
B. Die Jugendlichen wollen ihre Grenzen austesten und solche Mutproben gehören dazu.
C. Man kann sich nicht auf alle in der Gruppe verlassen, das macht die Situation gefährlich.

Ich finde, trifft zu, denn

5 Vivi und Olli verhalten sich sehr unterschiedlich in dieser Situation.
a. Kreuze an, auf wen die folgenden Aussagen zutreffen.

	Vivi	Olli
Er/Sie handelt verantwortungsbewusst.	☐	☐
Er/Sie handelt verantwortungslos.	☐	☐
Er/Sie will sich durchsetzen.	☐	☐
Er/Sie will, dass Abmachungen eingehalten werden.	☐	☐
Er/Sie denkt nicht nach.	☐	☐
Er/Sie ist ängstlich.	☐	☐

b. Suche Textstellen, an denen die Eigenschaften von Vivi und Olli deutlich werden. Schreibe zu beiden Figuren jeweils zwei Sätze in dein Heft. Arbeite mit Textbelegen. Beispiel: *Vivi handelt verantwortungsbewusst, denn sie lässt Hendrik entscheiden, wie hoch und wie lange er am Kranhaken hängen will (vgl. Z. 19 f.).*

6 Welche Gründe könnte Olli für sein Verhalten haben? Kreuze an, was deiner Meinung nach zutrifft, und begründe. Du kannst mehr als eine Antwort wählen.

☐ Er ist eifersüchtig auf Metan, denn ______________________.

☐ Er will besonders witzig sein, denn ______________________.

☐ Er will im Mittelpunkt stehen, denn ______________________.

7 Beschreibe Vivis Gedanken und Gefühle am Anfang, in der Mitte und am Ende des Textauszugs. Formuliere jeweils einen Satz. Arbeite mit Textbelegen. Nutze den Wortspeicher.

Zweifel | am Kranhaken hängen | Angst | lustig | vorsichtig | etwas Schlimmes passiert

Am Anfang ist Vivi begeistert von ihrer Idee, ______________________

____

____

8 Welchen Eindruck hast du nach dem Lesen von Vivi und Olli? Wähle eine Figur aus und begründe deine Aussagen in Stichworten in deinem Heft.
- Was gefällt dir?
- Kannst du das Verhalten nachvollziehen?
- Wie würdest du an ihrer Stelle handeln?

9 Verfasse einen Tagebucheintrag entweder aus der Sicht von Vivi oder von Olli, in dem sie sich über die Ereignisse des Tages äußern. Schreibe in dein Heft.

Wortarten wiederholen: Nomen

Wissen kompakt

Nomen benennen **Lebewesen** und **Gegenstände**. Nomen benennen auch etwas, was Menschen **denken**, **fühlen** oder **sich vorstellen**.
Von fast allen Nomen können wir den **Singular** (Einzahl) und den **Plural** (Mehrzahl) bilden: *ein Foto – mehrere Fotos, der Mann – die Männer.*

Chiara verbringt ihre Ferien bei den Großeltern in Berlin.
Sie schickt ihrer Freundin eine Sprachnachricht.

Das Brandenburger Tor ist **eine** berühmte **Sehenswürdigkeit**. **Der Platz** vor dem Tor zieht **die Touristen** aus aller Welt an. Einige Menschen füttern **die Tauben**. Andere beobachten **eine Frau**, die mit sechs Bällen jongliert. **Ein Mann** trägt **ein Bärenkostüm**. Mit seinen Späßen sucht er **die Aufmerksamkeit** der Leute. Du musst wissen, der Bär ist **das Wappentier** der Stadt Berlin. Ich kann dir sagen, **die Menschen** wirken alle fröhlich und **die Stimmung** ist toll.

1 In dem Text sind einige Nomen hervorgehoben.
Schreibe die Nomen mit den Artikeln in die passende Spalte der Tabelle.

Lebewesen	Gegenstände	etwas, das wir fühlen oder uns vorstellen
		eine Sehenswürdigkeit

2 Von einigen Nomen wird der Plural (Mehrzahl) verwendet.
a. Markiere sie in der Tabelle.
b. Schreibe diese Nomen im Singular auf.

der Tourist,

Wortarten wiederholen: Adjektive

Wissen kompakt

Wörter wie *berühmt* und *langweilig* sind **Adjektive**.
Mit **Adjektiven** können wir beschreiben, **wie** etwas ist.
Steht ein Adjektiv vor einem Nomen, verändert sich die Endung:
ein gelber Bus, das berühmte Museum, eine gute Aussicht.

Chiara hat mit ihren Großeltern in Berlin viel unternommen.
Sie beschreibt ihrem Vater am Telefon, wie die Erlebnisse waren:

Wir sind mit einem typischen gelben **Doppeldeckerbus** gefahren. Von oben haben wir den Verkehr auf der breiten Straße beobachtet. Wir haben Museen und berühmte, alte **Gebäude** gesehen, zum Beispiel die Staatsoper und die Humboldt-Universität. Dann waren wir am Alexanderplatz und standen vor dem hohen, grauen **Fernsehturm**. Er ist 368 Meter hoch. In der Kugel gibt es eine Aussichtsplattform und ein besonderes Restaurant. Es dreht sich.

1 Wie beschreibt Chiara die Dinge?
a. Markiere die Adjektive im Text.
b. Schreibe zu den Nomen die Adjektive in der Grundform auf.

der Doppeldeckerbus: *typisch,* ____________________

die Gebäude: ____________________

der Fernsehturm: ____________________

2 Was könnte Chiara noch erzählen?
a. Ergänze die Sätze. Wähle Adjektive vom Rand.
b. Markiere die Endung der Adjektive.

Berlin ist eine ____________________ Stadt.

Mir gefallen die ____________________ Gebäude.

Vom Fernsehturm hatten Oma, Opa und ich

einen ____________________ Blick über die ganze Stadt.

große, laute, interessante; alten, berühmten, historischen; schönen, wunderbaren, fantastischen

Wortarten wiederholen: Verben

Wissen kompakt

Verben sagen, **was wir tun** oder **was passiert**. Verben haben eine Grundform (Infinitiv): *fragen, bezahlen.* Verben können wir mit **ich**, **du**, **er/sie/es**, **wir**, **ihr**, **sie** verbinden. Dann verändern sich die Verben:
fahren: ich fahre, du fährst, er/sie/es fährt, wir fahren, ihr fahrt, sie fahren.

Chiara möchte in Berlin einen Ausflug machen.
Im Internet findet sie zwei interessante Anzeigen:

Im Kienbergpark erlebt ihr die Natur in der Stadt:
- Ihr beobachtet Wildpferde und seltene Schafe.
- Ihr fahrt mit der Natur-Bobbahn.
- Ihr schwebt in der Seilbahn über den Park.
- Ihr steigt auf den Wolkenhain und schaut bis zum Fernsehturm.

Willkommen im Deutschen Technikmuseum:
- Ihr seht Autos, Kutschen und Fahrräder von früher.
- Ihr betrachtet Schiffe und Flugzeuge aus der Nähe.
- Ihr lauft mit einem Roboter durch die Ausstellung.
- Ihr baut ein Modell für euer Traumfahrzeug.

1 Was könnt ihr im Kienbergpark und im Technikmuseum tun?
Markiere in den beiden Texten die Verben.

2 Wie verändern sich die Verben, wenn du sie mit **ich**, **du**, **er/sie/es**, **wir**, **ihr**, **sie** verbindest? Markiere in den folgenden Verben die Endung.

ich schwebe – er schwebt – ihr schwebt – sie schweben

du baust etwas – sie baut etwas – wir bauen etwas – ihr baut etwas

3 Was unternehmen Chiara und ihre Großeltern?
Schreibe drei Sätze. Wähle aus den Anzeigen oben aus.

Chiara und ihre Großeltern ____________________

____

____

____

Wortarten wiederholen: Pronomen

Wissen kompakt

Wörter wie **ich**, **du**, **er**, **sie**, **es**, **wir**, **ihr**, **sie** sind **Personalpronomen**.
Personalpronomen können Nomen ersetzen: ***Die Oma** ist traurig. **Sie** hätte Chiara gern länger zu Besuch gehabt.*
Wörter wie **meine**, **deine**, **ihre**, **seine**, **unsere** sind **Possessivpronomen**.
Sie sagen, wem oder zu wem etwas gehört: *Chiara tröstet **ihre** Oma.*

Die Abreise

Chiara sucht noch schnell die Sonnenbrille. Sie liegt auf dem Balkon. Oma holt das Obst aus dem Kühlschrank. Es wird Chiara während der Zugfahrt schmecken. Opa trägt den Rucksack nach draußen. Er ist schwer. Chiara überprüft, ob sie die Fahrkarte dabei hat. Sie steckt vorne im Rucksack.

1 **a.** Einige Nomen werden durch Personalpronomen ersetzt. Markiere sie.
b. Schreibe die Nomen mit den Personalpronomen auf.

die Sonnenbrille – sie, ____________________

____

Chiara hat in Berlin Geschenke gekauft. Sie sitzt im Zug und überlegt.

2 Ergänze die passenden Possessivpronomen.

Habe ich auch wirklich an alle *meine* ______ Geschenke gedacht? *meine | deine*

Papa bekommt ____________ Lieblingsschokolade. *ihre | seine*

Mama bekommt ____________ Lieblingsseife. *ihre | seine*

Lukas schenke ich den lustigen Berlin-Magneten.

Der passt in ____________ Sammlung. *meine | seine*

Die Postkarten von Berlin hänge ich an ____________ Fotowand. *deine | meine*

Wortarten wiederholen: Nomen, Adjektive, Verben, Pronomen

Wissen kompakt

Vor einem **Nomen** steht oft ein **bestimmter** oder **unbestimmter Artikel.** Fast alle Nomen können im **Singular** (Einzahl) und im **Plural** (Mehrzahl) stehen.	*der Hunger, das Glück, die Zeit* *der/ein Erfinder – die Erfinder* *das/ein Fahrzeug – die Fahrzeuge* *die/eine Sportart – die Sportarten*
Mit **Adjektiven** können wir Lebewesen und Gegenstände **genauer beschreiben**. Steht das Adjektiv vor einem Nomen, verändert sich die Endung.	*Ich sehe den ruhigen See.* *Das Boot liegt auf dem ruhigen See.* *Das Boot liegt auf einem ruhigen See.*
Verben sagen, was wir tun oder was geschieht. Sie bilden **verschiedene Zeitformen**.	*lernen, dauern*
Personalpronomen helfen, häufige Wiederholungen von Nomen zu vermeiden. Sie werden dekliniert.	*ich – du – er – sie – es – wir – ihr – sie* *Wir entdeckten einen Gang. Er war lang.*

In Berlin

Chiara erzählt, wie man Berlin erkunden kann:
In Berlin fließt (*groß, Fluss*). Der Fluss heißt Spree. Ich mache (*toll, Bootstour*), um Berlin zu sehen. Ich mache die Bootstour aber nur bei (*Wetter, schön*). Ein (*lang, Stadtrundgang*) ist eine (*schön, Möglichkeit*), Berlin zu entdecken. Der Stadtrundgang führt zu den wichtigsten Attraktionen der Stadt. Man kann in Berlin auch (*spannend, Stadtrundfahrt*) mit einem Bus machen. Ich finde die Stadtrundfahrt mit dem (*cool, Doppeldeckerbus*) super!

1 Schreibe die Sätze neu in dein Heft.

a. Ergänze die Wortgruppen aus Nomen und Adjektiv. Füge den passenden unbestimmten Artikel hinzu. Achte auf die Endung der Adjektive.
Beispiel: *In Berlin fließt ein großer Fluss.*

b. Vermeide Wiederholungen: Ersetze in den jeweils zweiten Sätzen das Nomen durch das passende Personalpronomen.

2 Chiara verwendet in ihrer Erzählung die Zeitform Präsens.

a. Markiere die Verben.

b. Schreibe die Verben mit dem passenden Infinitiv in deinem Heft auf.

Wortarten wiederholen: Nomen in vier Fällen

Wissen kompakt

Nomen erscheinen in Sätzen immer in einem bestimmten **Kasus (Fall)**.
Im Deutschen gibt es vier Fälle.
Der **Artikel** und die **Endung des Nomens richten sich nach dem Fall**.

Kasus (Fall)	*Maskulinum (männlich)*	*Neutrum (sächlich)*	*Femininum (weiblich)*
Nominativ (wer oder was?)	*der Trainer*	*das Glück*	*die Luft*
Genitiv (wessen?)	*des Trainers*	*des Glücks*	*der Luft*
Dativ (wem?)	*dem Trainer*	*dem Glück*	*der Luft*
Akkusativ (wen oder was?)	*den Trainer*	*das Glück*	*die Luft*

Bei den Seelöwen

Chiara schaut im Zoo in Berlin bei der Seelöwenshow zu:
Der Tierpfleger trainiert mit den Seelöwen.
Der Seelöwe springt durch den Reifen des Tierpflegers.
Er belohnt den Seelöwen mit einem Fisch.
Der Seelöwe gibt dem Tierpfleger einen Kuss.

1 a. Stelle zu den blau gedruckten Nomen Fragen.
b. Schreibe die Fragen und die Antworten auf.
c. Markiere in den Fragen die Fragewörter.
d. Markiere in den Antworten die Nomen mit ihren Artikeln.

2 Ergänze die Sätze mit dem passenden Nomen aus dem Wortspeicher.
Füge den richtigen Artikel hinzu.

kleine Seelöwen | Freundinnen | schöner Tag | Show | Tiere

Chiara hat ______________ gespannt zugeschaut.

Sie wird ______________ nie vergessen.

Sie hat ______________ laut applaudiert.

Zu Hause wird sie ______________ alles ganz genau berichten.

Begeistert erzählt sie von der Fütterung ______________.

Verben im Präsens

Wissen kompakt

Wir verwenden Verben im **Präsens** (Gegenwart), um zu sagen, **was jemand jetzt tut** oder **was gerade passiert**: *Die Trainerin erklärt die Regeln. Murat trifft seine Freunde. Sie spielen Fußball.*

Tobi macht Interviews für das Schulradio. Heute steht er mit seinem Mikrofon in einer Jumping-Halle.

Tobi: Hallo Leute! Warum kommt ihr in diese Halle?

Murat: Also, ich treffe hier meine Freunde. Wir üben Saltos oder spielen auf dem Trampolin Basketball.

Kim: Ich bin heute zum dritten Mal hier. Ich springe am liebsten hoch und lande in den Schaumstoffwürfeln.

Sascha: Wir springen um die Wette oder hangeln uns durch den Parcours*. Das Gute ist, dass du immer weich fällst.

*eine Strecke mit verschiedenen Hindernissen

1 Was machen die Jugendlichen in der Jumping-Halle? Markiere im Text die Verben im Präsens.

2 Welche zwei Verbformen gehören zusammen? Markiere die Paare in derselben Farbe.

wir sehen	sie nimmt	sie sieht	wir nehmen
wir laufen	sie fällt	wir fallen	sie läuft

3 Schreibe auf, was Kim heute macht.

die Wände hochlaufen | in die Luftkissen fallen | einen Salto üben | die Springsocken mitnehmen | ihre Freunde sehen

Kim läuft

Verben im Perfekt

Wissen kompakt

Wir verwenden Verben im **Perfekt**, wenn wir **mündlich über Vergangenes** erzählen: *Am Samstag **habe** ich Basketball trainiert.*
Einige Verben bilden das Perfekt mit **sein**: *laufen: Wir **sind** nach Hause gelaufen. springen: Ich **bin** von der Mauer gesprungen.*

Elena und Murat haben am Sonntag die Jumping-Halle besucht. Heute erzählen sie ihren Freunden davon.

Elena: Ich **bin** gestern auf der langen Trampolinbahn **gesprungen**. Ich **habe** Kunststücke **geübt**.
Murat: Ich habe gestern zum ersten Mal einen Salto geschafft.
Elena: Kennt ihr das Spiel Air-Ball? Wir sind hoch gesprungen und haben uns mit den Bällen abgeworfen.
Murat: Wir **sind** im Parcours über die Hindernisse **gehüpft** und **geklettert**. Ich bin oft in den weichen Würfeln gelandet.

1 Einige Verben im Perfekt sind blau hervorgehoben.
Finde weitere Verben im Perfekt. Markiere sie.

2 Ergänze die fehlenden Verbformen in der Tabelle.

Infinitiv	Perfekt
springen	
	ich bin geflogen
landen	
	ich bin gegangen

3 Was könnte Murat noch erzählen?
Schreibe zwei Sätze im Perfekt. Wähle vom Rand aus.

Ich bin ______________________

____

____

in die Luftkissen fliegen/fallen, ins Café/ nach Hause gehen

Verben im Präteritum

Wissen kompakt

Wir verwenden Verben im **Präteritum**, wenn wir **schriftlich über Vergangenes berichten**. Bei einigen Verben ändert sich der Verbstamm im Präteritum. Wir nennen sie unregelmäßige (starke) Verben:
laufen: Ich lief in den Keller. abreißen: Wir rissen die alten Plakate ab.

**In den Ferien tapeziert Tilo sein Zimmer.
Anschließend schreibt er einen Bericht für die Schülerzeitung.**

Zuerst räumte ich meine Sachen in den Flur. Mein Vater **half** mir. Den Schrank und das Bett deckten wir mit Folie ab. Dann **rissen** wir die alte Tapete **ab**. Danach rollte ich die neue Tapete auf dem Tapeziertisch aus und mein Vater **schnitt** die Bahnen **zu**. Ich **trug** den Kleister **auf**. Nun klebten wir die Tapete an die Wände. Ich **stand** auf der Leiter und **strich** die Kanten **glatt**. Am Abend war mein Zimmer fertig. Es sah gut aus.

1 Was macht Tilo in den Ferien? Schreibe einen Satz.

____

2 In dem Text sind einige Verben im Präteritum hervorgehoben.
a. Schreibe die Verben im Präteritum zu den passenden Infinitiven.

Infinitiv (Grundform)	Präteritum
helfen	*er half*
abreißen	*wir rissen ab*
zuschneiden	*er*
auftragen	*ich*
stehen	*ich*
glattstreichen	*ich*

b. Markiere die Buchstaben, die sich ändern.

3 Immer drei Verben gehören zusammen: **Infinitiv**, **Präsens**, **Präteritum**.
Verbinde die Verben, die zusammengehören.

fahren	sie spricht	er fuhr
abkleben	er fährt	sie sprach
nehmen	sie hat	sie nahm
sprechen	er klebt ab	sie hatte
haben	sie nimmt	er klebte ab

Auch Milena verschönert in den Ferien ihr Zimmer. Ihr Bruder hilft ihr.

4 Was machen Milena und ihr Bruder?
a. Sieh dir die Bilder an.
b. Markiere die Verben in den Wortgruppen.

zum Baumarkt fahren
mit dem Verkäufer sprechen
drei Eimer Wandfarbe mitnehmen

Pinsel und Rollen zu Hause haben
die Rahmen mit Kreppband abkleben
die Wände hellgrün streichen

5 Schreibe mithilfe der Wortgruppen einen Bericht für Milena.
Schreibe im Präteritum.

Zuerst fuhr ich mit meinem Bruder zum Baumarkt. Wir

Zeitformen: Präsens und Futur

Wissen kompakt

Wir verwenden das **Präsens** (Gegenwart), um zu sagen, was wir **jetzt** tun oder was wir **regelmäßig** tun.

Wir arbeiten jetzt an unserer Holzkiste.
Wir arbeiten jeden Dienstag an unseren Projekten.

Wir verwenden das **Futur I**, wenn wir ausdrücken wollen, was wir in der fernen **Zukunft** planen. Wir bilden es mit dem Hilfsverb **werden** und dem **Infinitiv** des Verbs.

Ich werde die Ausstellung besuchen.

Die Projektwoche

Moni und Julius bauen im Rahmen der Projektwoche Holzkisten nach folgender Anleitung:
Zuerst überträgt Moni die Schablonen auf das Holz.
Dann sägt Julius die fünf Holzplatten aus.
Anschließend leimen die beiden die Platten zusammen.
Zuletzt fixieren sie die Kiste mit Schraubzwingen, bis sie getrocknet ist.

1 a. Markiere in den Sätzen das Verb.
b. Schreibe die Verben und die Personen auf.
c. Markiere die Endungen der Verbformen.

Moni und Julius bauen ____________________

____

Die Kinder überlegen, wie sie die Kisten in der nächsten Woche gestalten können.

2 a. Ergänze die Sätze mit passenden Verben aus dem Wortspeicher im Futur.
b. Was würdest du mit der Kiste machen?
Schreibe vier Sätze mit eigenen Ideen in dein Heft.

bepflanzen | bemalen | beschriften | bekleben

Wir __________ die Kisten mit Aufklebern __________.

Wir __________ die Kisten mit Farben __________.

Wir __________ die Kisten mit lustigen Sprüchen __________.

Wir __________ die Kisten mit Kresse __________.

Zeitformen: Präteritum und Plusquamperfekt

Wissen kompakt

Wir verwenden das **Präteritum**, wenn wir über Vergangenes **schriftlich** berichten. Bei einigen Verben ändert sich im Präteritum der Verbstamm. Wir nennen diese Verben auch unregelmäßige (starke) Verben.

Moni übertrug die Schablonen auf das Holzstück.
Julius sägte die Bretter aus.

Wir verwenden das **Plusquamperfekt**, wenn wir in der Vergangenheit ausdrücken wollen, dass etwas zeitlich noch weiter zurückliegt. Das Plusquamperfekt bilden wir mit den Vergangenheitsformen von **haben** und **sein**.

Nachdem Moni die Schablonen auf das Holzstück übertragen hatte, sägte Julius die Bretter aus.

Julius hat sich beim Sägen der Holzplatte in den Finger gesägt. Er schreibt einen Bericht.

Unfall beim Sägen

Ich ______________ mir die Holzplatte auf dem Werktisch ______________.

Dann ______________ ich eine Säge ______________. Ich ______________,

genau auf der Linie zu sägen. Auf einmal ______________ es: Ich ______________

mir in den Zeigefinger. Der Finger ______________ stark. Meine Lehrerin

______________ mir den Finger.

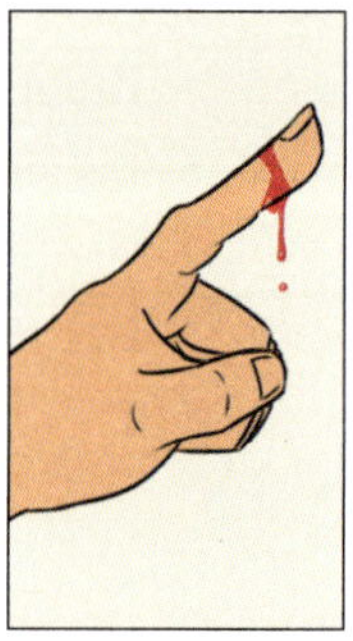

1 Schreibe die Verben aus dem Wortspeicher im Präteritum in die Lücken. Achte darauf, dass manche Verben aus zwei Teilen bestehen.

zurechtlegen | *aussuchen* | *beginnen* | *passieren* | *sägen* | *bluten* | *verbinden*

Julius schreibt seinem Freund Cem, wie es nach dem Unfall weitergegangen ist.

Nachdem ich einen Verband bekommen hatte, blutete der Finger immer noch stark weiter. Da war der Projekttag für mich zu Ende. Die Lehrerin rief meine Eltern an. Nachdem meine Mutter mich abgeholt hatte, fuhren wir ins Krankenhaus.
Als wir dort ankamen, hatten wir noch lange zu warten. Dann kam endlich der Arzt und behandelte mich.

2 **a.** Markiere die Verben im Präteritum rot.
b. Markiere die Verben im Plusquamperfekt blau.

Wer oder was? Was tut? – das Subjekt und das Prädikat

Wissen kompakt

Das **Subjekt** sagt uns, **wer** etwas tut.
Mit **Wer oder was?** fragen wir nach dem Subjekt.
Das **Prädikat** sagt uns, **was** jemand **tut**.
Mit **Was tut?** oder **Was tun?** fragen wir nach dem Prädikat.
Die Gruppe bespricht die Aufgaben.

Paula, Anton und Nuria erarbeiten einen Vortrag über Wasserfälle.

1 **Wer** übernimmt in der Gruppe welche Aufgabe?

a. Sieh dir das Bild an. Beantworte die Fragen.

b. Markiere das **Subjekt** wie im Beispiel.

Wer recherchiert im Internet?

Paula recherchiert im Internet.

Wer sucht passende Fotos?

Wer zeichnet eine Mind-Map?

2 **Was tun** Paula, Anton und Nuria als Nächstes?

a. Bilde drei Sätze. Wähle aus den Wortgruppen aus.

b. Markiere in jedem Satz das **Prädikat** wie im Beispiel.

die Texte lesen | Stichworte notieren | die Notizen ordnen | eine Einleitung formulieren | drei Brötchen aus der Cafeteria holen

Paula und Anton lesen die Texte.

Wen oder was? – das Akkusativ-Objekt

Wissen kompakt

Das Objekt gibt uns genauere Informationen zu dem Prädikat.
Mit **Wen oder was?** fragen wir nach dem **Akkusativ-Objekt**.
Anton bittet einen Mitschüler um Hilfe. Er hält das Foto hoch.

Paula, Anton und Nuria üben den Vortrag. Sie haben die Rollen verteilt.

1 Anton trägt die Einleitung vor.
2 Paula beschreibt den Wasserfall Gullfoss in Island.
3 Nuria zeigt eine Landkarte von Island.
4 Dann beschreibt Paula den Wasserfall Dettifoss.
5 Nuria zeigt Fotos von den beiden Wasserfällen.
6 Anton trägt den Schluss vor.

1 a. Beantworte die folgenden Fragen. Schreibe Sätze auf.
b. Markiere in jedem Satz das **Akkusativ-Objekt** wie im Beispiel.

Was trägt Anton vor?

Anton trägt die Einleitung und ______.

Wen oder was beschreibt Paula?

______

Wen oder was zeigt Nuria?

______

Nuria, Paula und Anton wollen die Rollen beim Vortrag tauschen.

2 a. Wer tut nun was? Schreibe drei Sätze auf.
b. Markiere in deinen Sätzen das Subjekt, das Prädikat und das Akkusativ-Objekt.

Subjekt, Prädikat, Akkusativ-Objekt

______
______
______
______

Wem? – das Dativ-Objekt

Wissen kompakt

Das Objekt gibt uns genauere Informationen zu dem Prädikat.
Mit **Wem?** fragen wir nach dem **Dativ-Objekt**.
Wem danken wir? Wir danken euch für eure Aufmerksamkeit!

Paula, Anton und Nuria halten den Vortrag vor der Klasse.

1 Paula erklärt **ihren Mitschülerinnen und Mitschülern**,
2 dass es in Island mehrere Tausend Wasserfälle gibt.
3 Anton schlägt **der ganzen Klasse** eine Reise nach Island vor.
4 Aber der Vorschlag gefällt nur **dem Klassenlehrer**.
5 Am Ende dankt Nuria **den Zuhörerinnen und Zuhörern**
6 für ihre Aufmerksamkeit.

1 Beantworte die folgenden Fragen in Stichworten.

Wem erklärt Paula, dass es in Island mehrere Tausend Wasserfälle gibt?

ihren Mitschülerinnen und Mitschülern

Wem schlägt Anton eine Reise nach Island vor?

Wem gefällt der Vorschlag?

2 **Was** hat **wem** gefallen? Die Klasse gibt der Gruppe eine Rückmeldung.
Schreibe vier Sätze auf. Verwende die Satzschalttafel.

Das Thema Die Fotos Der Vortrag Die Musik	hat haben	Tim, Lena, mir, uns, allen, der Klasse	gut gefallen. nicht gefallen.

Wo? Wohin? Wann? – die adverbialen Bestimmungen

Wissen kompakt

Die Ortangabe sagt uns, **wo** etwas geschieht.
Mit **Wo?** und **Wohin?** fragen wir nach dem **Ort**.
Die Zeitangabe sagt uns, **wann** etwas geschieht.
Mit **Wann?** fragen wir nach der **Zeit**.
Im Sommer besuchen viele Touristen die Wasserfälle in Island.

Paula stellt den Wasserfall Gullfoss vor:

1 Der Gullfoss liegt **im Südwesten von Island**.
2 Der Name Gullfoss bedeutet übersetzt „goldener Wasserfall".
3 Das Wasser stürzt über zwei Stufen 32 Meter **in die Tiefe**.
4 **Im Sommer** kommen viele Besucher **zum Gullfoss**.
5 Ein schmaler Wanderweg führt **zu einer Felsplattform**.
6 Von dort können die Besucher **in die Schlucht** schauen.
7 Die Wassermassen sind faszinierend und ungeheuer laut.

1 a. Beantworte die Fragen. Schreibe Sätze auf.
b. Markiere in jedem Satz den Ort oder die Zeit wie im Beispiel.

Wo liegt der Wasserfall Gullfoss?

Der Gullfoss liegt im Südwesten von Island.

Wann kommen viele Besucher?

____

Wohin führt ein Wanderweg?

____

2 Wo? Wann? Wohin?
Ergänze die Wortgruppen vom Rand.

in die Tiefe, in Island, im Winter

Von November bis Februar fällt ______________________ meist viel Schnee.

Den Gullfoss kann man auch ______________________ besuchen.

Dann stürzt das Wasser durch eine Eisschicht ______________________.

Satzglieder umstellen

Wissen kompakt

Die Satzglieder sind die Bausteine eines Satzes.
Subjekt, **Prädikat** und **Objekte** sind **Satzglieder**.
Auch **Ortsangaben** und **Zeitangaben** sind **Satzglieder**.
Wir können die Satzglieder umstellen:
Der Busfahrer zeigt einer Jugendgruppe den Weg zum Wasserfall.
Einer Jugendgruppe zeigt der Busfahrer den Weg zum Wasserfall.

Du schreibst einen Text über den Wasserfall Seljalandsfoss.

1 a. Sieh dir das Bild an. Lies die Sätze.
b. Wähle jeweils einen Satz aus.
Markiere die Sätze, die du verwenden willst.
c. Wie klingt dein Text?
Lies deine markierten Sätze einmal halblaut.

Der Seljalandsfoss	liegt	im Süden von Island.
Im Süden von Island	liegt	der Seljalandsfoss.

Der Wasserfall	stürzt	über eine Felskante	hinab.
Über eine Felskante	stürzt	der Wasserfall	hinab.

Das Wasser	sammelt sich	in einem kleinen See.
In einem kleinen See	sammelt sich	das Wasser.

Ein rutschiger Weg	führt	hinter dem Wasserfall	entlang.
Hinter dem Wasserfall	führt	ein rutschiger Weg	entlang.

Alle Besucher	fotografieren	den Wasserfall.
Den Wasserfall	fotografieren	alle Besucher.

Die meisten Leute	kommen	in den Abendstunden.
In den Abendstunden	kommen	die meisten Leute.

2 Schreibe den Text in dein Heft.
Schreibe zuerst die Überschrift: Der Wasserfall Seljalandsfoss
Schreibe dann die Sätze auf, die du markiert hast.

Satzglieder wiederholen

Wissen kompakt

Das **Prädikat** sagt, was jemand tut oder was geschieht. Mit **Was tut?** fragen wir nach dem Prädikat. Manchmal bildet es eine Klammer.	*Was tut der Fluss? Er fließt.* *Was tun die Wassermassen?* *Die Wassermassen stürzen in die Tiefe hinab.*
Das **Subjekt** kann eine Person oder eine Sache sein. Mit **Wer oder was?** fragen wir nach dem Subjekt.	*Wer springt in das Wasser? Der Springer.* *Was fließt? Das Wasser fließt.*
Mit **Wen oder was?** fragen wir nach einem **Akkusativ-Objekt**. Mit **Wem?** fragen wir nach einem **Dativ-Objekt**.	*Wen ermahnt der Kapitän?* *Der Kapitän ermahnt die Kinder.* *Wem übergibt der Kapitän das Ruder?* *Der Kapitän übergibt ihm das Ruder.*

Bei der Sportart Canyoning erforscht man Schluchten auf verschiedene Art und Weise.

1 Sieh dir das Bild an.

2 Was machen die Menschen? Bilde Sätze.
a. Übertrage die Tabelle in dein Heft. Nimm die Seite quer.
b. Trage die Sätze in die Felder ein.
c. Finde noch eigene Sätze.

springen | rutschen | tauchen | schwimmen | klettern |
Schlucht | Klippen | Felsspalten | Wände | Wasserfall

Vorfeld	*linkes Verbfeld*	*Mittelfeld*	*rechtes Verbfeld*
Die Frau mit gelbem Helm	*seilt*	*eine andere Frau*	*ab.*

3 Formuliere abwechslungsreiche Sätze, indem du die Satzglieder umstellst. Schreibe die Sätze in dein Heft.

Zwei Schüler der Klasse 7c möchten in den Ferien das Canyoning ebenfalls ausprobieren.

Luis und Cem tragen einen Neoprenanzug und Schuhe.
Der Bergführer gibt ihnen noch einen Gurt und einen Helm.
Luis und Cem schwimmen zuerst durch einen Fluss.
Sie rutschen einen Wasserfall hinunter.
Der Führer seilt Luis und Cem von der Klippe ab.
Sie klettern über Felsen.
Luis springt von der nächsten Klippe.

4 Wer macht was? Beantworte die Fragen.
Markiere in jedem Satz mit verschiedenen Farben
- die Antwort auf die Frage Wer? und
- die Antwort auf die Frage Was tut?.

5 Frage nach den markierten Satzgliedern.
Schreibe die Fragen und Antworten auf.

6 Luis erklärt seinem Freund Dennis, was Canyoning ist.
a. Bilde Sätze mit den Satzgliedern aus dem Wortspeicher.
b. Markiere die einzelnen Satzglieder.

wir | rutschen | einen Neoprenanzug und einen Helm | Cem und ich | tragen | durch Wasserfälle | wir | sprangen | von Felsklippen

Die Satzglieder – die adverbialen Bestimmungen

Wissen kompakt

Eine **adverbiale Bestimmung des Ortes** gibt an, wo etwas geschieht. Wir fragen mit **Wo?**, **Woher?** oder **Wohin?**.	*Wo liegt der Rheinfall?* *Der Rheinfall liegt westlich des Bodensees.*
Eine **adverbiale Bestimmung der Zeit** gibt an, wann etwas geschieht. Wir fragen mit **Wann?** oder **Wie lange?**.	*Wann kommen die meisten Besucher?* *Die meisten Besucher kommen in den Sommermonaten.*

Ramon erzählt von seinem Onkel in Brasilien

Letztes Jahr bin ich nach Brasilien geflogen. Das Land liegt in Südamerika. Der Flug dauerte zwölf Stunden. Nach der Ankunft hat mein Onkel mich abgeholt.
Ich habe drei Wochen bei ihm gewohnt. Mein Onkel ist mit mir zu den Iguazú Wasserfällen gefahren. Die Wasserfälle liegen auf der Grenze zwischen Argentinien und Brasilien.

1 Wann? Wie lange?
a. Ergänze die Fragen.
b. Markiere die Antworten im Text gelb.

Wann ist Ramon ______________________________?

Wie lange dauerte ______________________________?

Wann hat sein Onkel ______________________________?

Wie lange ______________________________?

2 Wo? Wohin?
a. Ergänze die Fragen.
b. Markiere die Antworten im Text grün.

Wo war Ramon ______________________________?

Wo liegt ______________________________?

Wohin ist ______________________________?

Wo liegen ______________________________?

Satzreihen: Sätze mit und, oder, aber

Wissen kompakt

Zwei Sätze, die zu einem Thema gehören, können wir mit den **Konjunktionen und**, **oder**, **aber** verbinden. Vor **aber** steht ein Komma.
Lina sucht einen Ferienjob ***und*** *ihr Onkel bietet ihr eine Putzstelle an.*

Chiara sucht einen Praktikumsplatz.

Die Klassenlehrerin stellt viele Berufe vor und Chiara schreibt sich einige Berufe auf. Die Lehrerin erklärt: „Die Materialhefte geben euch weitere Informationen oder ihr recherchiert im Internet." Chiara findet die Arbeit als Floristin im Blumenladen spannend. Sie interessiert sich auch für ein Praktikum als Friseurin, aber leider hat sie eine Allergie gegen einige Duftstoffe. Chiaras Onkel bietet ihr einen Praktikumsplatz in seiner Bäckerei an, aber der Weg ist für Chiara zu weit.

1 Markiere den Satz mit der Konjunktion **und**.

2 Die Lehrerin nennt zwei Möglichkeiten, um sich weiter zu informieren. Schreibe den passenden Satz auf. Markiere die Konjunktion **oder**.

3 a. Chiara hat einige Einwände. Markiere im Text die Sätze mit **aber**.
b. Markiere auch das Komma vor der Konjunktion **aber**.

4 Jeweils zwei Sätze gehören zusammen.
a. Verbinde die Sätze mit **und** oder **oder**. Schreibe sie in dein Heft.

Chiara ist kreativ. | *Kreativität ist für die Arbeit als Floristin wichtig.*
Luka macht ein Praktikum im Altenheim. | *Er bewirbt sich im Kindergarten.*

und
oder

Chiara ist kreativ und Kreativität ist …

b. Verbinde die Sätze mit **aber**. Schreibe sie in dein Heft.

Chiara verkauft gern Blumen. | *Das lange Stehen findet sie anstrengend.*
Luka mag die Arbeit mit Menschen. | *Das Aufräumen gefällt ihm nicht.*

, aber

Satzgefüge: Sätze mit weil

Wissen kompakt

Wir können eine Aussage begründen, indem wir einen Satz mit **weil** hinzufügen. Vor **weil** steht ein Komma und im **weil**-Satz steht das Verb am Ende:
*Ich interessiere mich für ein Praktikum als Erzieher, **weil** ich Kinder **mag**.*

Luka und Chiara haben sich für ein Praktikum entschieden und begründen diese Entscheidung.

Luka: Ich mache ein Praktikum als Altenpfleger, weil ich alte Menschen mag. Ich höre alten Menschen gerne zu, weil sie spannende Geschichten erzählen. Außerdem kann ich gut mit Menschen umgehen, weil ich geduldig und höflich bin.

Chiara: Ich mache mein Praktikum als Floristin. Ich mag kreative Arbeiten. Ich kann Blumensträuße zusammenstellen. Ich habe ein gutes Auge für Farben. Ich fege sogar gern den Laden. Mir ist Sauberkeit wichtig.

1 Welche Begründungen nennt Luka? Markiere die **weil**-Sätze.

2 Wie begründet Chiara ihre Entscheidung? Ergänze zu den Aussagen **weil**-Sätze. Denke daran, dass im **weil**-Satz das Verb am Ende steht.

Ich mache mein Praktikum als Floristin, weil ich ______

______

______

3 Was könnten Luka und Chiara nach ihrem Praktikum sagen? Begründe die Aussagen mit **weil**-Sätzen. Schreibe in dein Heft.

Das Praktikum hat mir gut/nicht so gut gefallen, weil …
Die Arbeit war auch anstrengend/langweilig, weil …

Die Kollegen/Kunden waren sehr nett. | *Jeder Tag war anders.*
Ich musste am Samstag arbeiten. | *Ich musste den ganzen Tag stehen.*
Ich musste zuerst viel zusehen. | *Ich musste den Speiseraum aufräumen.*

, weil

Satzgefüge: Sätze mit wenn und damit

Wissen kompakt

Ein Satz mit der Konjunktion **wenn** ergänzt zu einer Aussage eine **Bedingung**.
Ein Satz mit der Konjunktion **damit** ergänzt zu einer Aussage einen **Zweck**.
Vor **wenn** und **damit** steht ein Komma.
*Du kannst Bäcker werden, **wenn** dir das frühe Aufstehen nichts ausmacht.*
*Stell dir zwei Wecker, **damit** du pünktlich bist.*

Hanno macht ein Praktikum in der Bäckerei. Der Bäcker erklärt ihm:

Der Teig für die Muffins gelingt nur, **wenn** du die Zutaten genau abwiegst. Außerdem darfst du die Förmchen nur halb füllen, **damit** der Teig beim Backen nicht überläuft. Stell den Ofen auf 20 Minuten ein, **damit** du die Garprobe rechtzeitig machen kannst. **Wenn** bei der Garprobe kein Teig am Stäbchen haftet, holst du die Muffins aus dem Ofen.

1 a. Markiere **wenn** und die Bedingung mit Gelb.
b. Markiere **damit** und den Zweck mit Orange.

2 Bei der Arbeit überlegt Hanno noch einmal.
Ergänze passende Erklärungen aus dem Text.

Ich fülle die Förmchen nur halb, ______________________________
______________________________.

Ich hole die Muffins aus dem Ofen, ______________________________
______________________________.

So arbeitet Hanno weiter:

3 Jeweils zwei Aussagen gehören zusammen.
Verbinde die Sätze mit **wenn** oder **damit**. Schreibe in dein Heft.

Hanno verziert die Muffins mit Zuckerguss. | Sie sind etwas abgekühlt.
Er bestreicht einige Muffins mit Glasur. | Sie glänzen schön.
Hanno säubert die Arbeitsflächen. | Alle Arbeiten sind erledigt.

, wenn
, damit

Hanno verziert die Muffins mit Zuckerguss, wenn sie …

Satzreihe und Satzgefüge

Wissen kompakt

Satzreihen bestehen aus **Hauptsätzen**. Diese werden durch ein **Komma getrennt** und meist mit einer **Konjunktion (und, oder, denn, doch, aber …)** verbunden. Vor und/oder kann das Komma entfallen.

Die Schülerin beginnt ihr Praktikum und ist schon sehr neugierig auf die spannenden Einblicke.
Der Tag geht schnell vorbei, denn sie darf schon einiges selbst machen.

Satzgefüge bestehen aus **Hauptsatz** und **Nebensatz**. Der Nebensatz erklärt, aus welchem **Grund** (weil), unter welcher **Bedingung** (wenn), zu welchem **Zweck** (damit), zu welcher **Zeit** (während, bevor) etwas geschieht.

Die Schülerinnen und Schüler machen ein Praktikum, damit sie Einblick in einen Beruf erhalten. (Zweck)

Jerome erzählt seinen Freunden von seinen Ideen für einen Praktikumsplatz.

1 Welche Ideen hat Jerome?

a. Verbinde die Hauptsätze mit einem passenden Satz und einer passenden Konjunktion.

Ich mag Autos	und oder denn aber doch	ich bin nicht so kreativ.
Der Beruf des Kochs würde mich interessieren		ich würde gerne mehr über ihre Reparaturen erlernen.
In einer Konditorei würde mich die Herstellung von Torten interessieren		der Landschaftsbau würde mich interessieren.
Friseur ist auch ein spannender Beruf		das Zubereiten von Gerichten macht mir großen Spaß.
Ich begeistere mich für die Gartenarbeit		ich kann nicht so gut über mehrere Stunden an einer Stelle stehen.

b. Schreibe deine Sätze in dein Heft. Denke an das Komma.

c. Markiere die Konjunktion und das Komma.

Die Freunde möchten Jerome bei der Entscheidung helfen.

Deine Wahl für den Beruf des Mechatronikers ist richtig, ? du dich für Autos und Elektronik interessierst. Vielleicht solltest du es mit dem Praktikum beim Friseur lieber lassen, ? du vom Stehen Probleme mit deinem Rücken bekommst. Ein Praktikum in einer Gärtnerei ist schlau, ? du später deine Gartenarbeit selber professionell machen kannst. Ich finde die Idee, Erfahrungen beim Koch zu sammeln, gut, ? du uns später zum selbst gekochten Essen einladen kannst.

2 Setze für die Fragezeichen passende Konjunktionen ein und schreibe die Sätze vollständig in dein Heft.

weil, damit, bevor, wenn

Nebensätze mit damit, nachdem, obwohl

Wissen kompakt

Nebensätze werden durch **Konjunktionen**, wie z. B. **damit** (zu welchem Zweck), **nachdem** (wann) und **obwohl** (unerwartete Folge), mit dem Hauptsatz verbunden. Vor dem Bindewort steht ein Komma.

Ein Lawinensuchhund sollte gewisse Fähigkeiten mitbringen, obwohl es im Hinblick auf die Rasse zunächst keine Einschränkung gibt. (unerwartete Folge/Einschränkung)

Paul liest einen Bericht über Lawinensuchhunde.

Lawinensuchhunde kommen zum Einsatz, nachdem Menschen durch Lawinen aus Schnee oder Geröll verschüttet worden sind. Sie absolvieren eine spezielle Ausbildung, damit sie die besonderen Aufgaben in den Bergen lernen. Der Transport mit Hubschrauber, Sessellift und Pistenfahrzeug muss trainiert werden, damit der Hund lernt, seinen Ski fahrenden Hundeführer zu begleiten. Am Ende können die Hunde schließlich vermisste Personen finden und sich zu ihnen durchgraben, obwohl die Schneeschicht mehrere Meter dick ist.

1 a. Lies den Text.
b. Wann kommen Lawinensuchhunde zum Einsatz? Schreibe einen Satz.

2 a. Unterstreiche die Nebensätze im Text.
b. Markiere das Komma und die Konjunktion.

Rettungsübung

Eine Person versteckt sich in einem Schneeloch. Der Rettungshund bellt und beginnt zu graben. Zur Belohnung spielt der Hundeführer nach dem Vermisstenfund mit dem Hund. Für Rettungshunde ist die Suche ein Spiel.

3 a. Ergänze die Sätze mit dem passenden Nebensatz aus dem Wortspeicher. Schreibe die Sätze in dein Heft. Denke an das Komma.

damit der Rettungshund das Suchen üben kann. | nachdem er den Vermissten gefunden hat. | obwohl es für die Menschen ums Überleben geht. | damit der Lawinensuchhund Spaß beim Üben und Suchen hat.

b. Markiere die Konjunktion.
c. Stelle die Satzgefüge so um, dass der Nebensatz am Anfang steht.

Sprechen – hören – gliedern

Deutlich sprechen und genau hinhören – das hilft mir beim richtigen Schreiben.

Wissen kompakt

Ich zerlege ein **Wort in Silben**: *das Te-le-fon.*
Ich spreche das Wort deutlich in Silben. Ich zeichne dabei **Silbenbögen** in die Luft: *lesen, das Taschenbuch.*

1 Schreibe die Übungswörter auf.
- Sprich jedes Wort deutlich. Zeichne dabei die Silbenbögen in die Luft.
- Schreibe das Wort auf.
- Zeichne die Silbenbögen unter das Wort.

die Freunde | unheimlich | die Gemütlichkeit | grillen | die Busreise

die Freunde

Die Nachtwanderung

1 Die **Klasse** 7 | macht eine Nachtwanderung. | Plötzlich sind Eva und Klara |
2 **allein** in der Dunkelheit. | Zum Glück hat Eva | ihr Handy dabei. |
3 Der Empfang ist schlecht, | aber mit der **Taschenlampe** | können
4 die Freundinnen | den Weg finden. | Schließlich hören Eva und Klara |
5 das laute Rufen der **Mitschüler**, | die sie schon suchen. | Später sitzen alle |
6 **gemütlich** am **Lagerfeuer** | und grillen Würstchen.

2 Im Text sind die Übungswörter blau gedruckt.
a. Ordne diese Wörter nach Anzahl der Silben. Schreibe sie in die Tabelle.
b. Zeichne die Silbenbögen unter die Wörter.
c. Ergänze drei weitere Wörter in der Tabelle.

zwei Silben	drei Silben	vier Silben
	Mitschüler	

Wörter verlängern

Wissen kompakt

Manchmal muss ich prüfen, mit welchem Buchstaben ich ein **Wort am Ende** schreiben muss. Um dies hören zu können, **verlängere** ich das Wort.
Adjektive verlängere ich in einer **Wortgruppe**.

p oder b?	*lie? – ein lieber Hund, also: lie**b***
t oder d?	*frem? – die fremde Stadt, also: frem**d***
k oder g?	*fleißi? – der fleißige Arbeiter, also: fleißi**g***

1 In den folgenden Wortgruppen sind die Adjektive verlängert.
a. Lies die Adjektive laut.
b. Markiere jeweils den Buchstaben, den du durch das Verlängern genau hören kannst.

p oder b?	*gelb: eine gelbe Blume*	*taub: das taube Ohr*
t oder d?	*gesund: das gesunde Essen*	*weit: ein weiter Weg*
k oder g?	*klug: ein kluger Mensch*	*wichtig: eine wichtige Nachricht*

2 a. Verlängere jedes Adjektiv: Lies sie laut. Bilde eine Wortgruppe.
b. Schreibe die Wortgruppe und das Adjektiv auf.

trü? *das trübe Wetter, also: trüb*

hal? ______________________

frem? ______________________

brei? ______________________

wüten? ______________________

billi? ______________________

lusti? ______________________

c. Markiere den Buchstaben, den du durch Verlängern gefunden hast.

3 Wähle vier Adjektive aus Aufgabe 2 aus.
Schreibe jeweils einen Satz in dein Heft. Markiere das Adjektiv.

Wörter ableiten

Wissen kompakt

In vielen Wörtern klingen **ä** und **e** ähnlich, **äu** und **eu** klingen gleich.
Ich prüfe: Kann ich von einem **verwandten Wort** mit **a** oder **au ableiten**?
Dann muss ich **ä/äu** schreiben.
__ä__ oder __e__? auff?llig, ein verwandtes Wort mit __a__ = auff__a__llen, also: auff__ä__llig
__äu__ oder __eu__? die H?te, ein verwandtes Wort mit __au__ = die H__au__t, also: die H__äu__te

1 Markiere im folgenden Text sechs Wörter mit **ä** und drei Wörter mit **äu**.

Elefanten – auch Dickhäuter genannt

Die auffälligen Merkmale | der Elefanten | sind ihre Stoßzähne aus Elfenbein, | die großen Ohren | und der lange Rüssel. | Elefanten werden | wegen ihrer dicken, faltigen Haut | auch Dickhäuter genannt. | Sie sind Pflanzenfresser | und fressen Gräser | und die Rinde der Bäume. | Der Afrikanische Elefant | ist das größte Säugetier, | das an Land lebt. | Aber das Leben der Elefanten | ist durch die Wilderei gefährdet. | Jäger töten die Tiere, | weil sie mit dem Elfenbein | viel Geld verdienen können. | Um den Bestand | der Elefanten zu schützen, | wurden in einigen Ländern Afrikas | Schutzgebiete eingerichtet.

2 Leite die markierten Wörter ab.
a. Schreibe die Wörter mit **ä** auf und finde ein verwandtes Wort mit **a**.
b. Schreibe die Wörter mit **äu** auf und finde ein verwandtes Wort mit **au**.
c. Markiere anschließend **ä** und **a**, **äu** und **au**.

auffälligen – auffallen,

die Dickhäuter – die Haut,

3 Wähle vier Wörter aus Aufgabe 2 aus. Schreibe jeweils einen Satz in dein Heft.

Wörter verlängern

Wissen kompakt

Wenn das deutliche Sprechen und genaue Hinhören nicht ausreicht, kann ich das **Wort verlängern**.
Bei **Nomen** bilde ich den **Plural** (die Mehrzahl).
d oder t? *die Schul? – die Schulden, also: die Schuld*
Adjektive verwende ich in einer **Wortgruppe**.
g oder k? *ferti? – die fertige Hausarbeit, also: fertig*
Von **Verben** bilde ich die **Grundform**.
b oder p? *er hu?t – hupen, also: er hupt*
Die Verlängerungsprobe hilft auch, **zusammengesetzte Nomen** mit b, d, g richtig zu schreiben. Dazu muss ich die Wörter trennen.
d oder t? *die Stran?muschel – Stran?-muschel, die Strände, also: der Strand*

Für die Projekttage „Tiere in Gefahr" werden unterschiedliche Themen präsentiert.

1 Finde die richtige Schreibweise durch Verlängern heraus und ergänze die Lücken.

Ich begeistere mich für den **Köni__(g/k)** der Tiere und sein Leben im **Nationalpar__(g/k)**.

Ich interessiere mich für das Leben der **Riesenschil__(d/t)kröten** am **Stran__(d/t)** der Galapagosinseln.

Ich finde es **spannen__(d/t)** zu erforschen, ob es einen **Zusammenhan__(g/k)** zwischen

der Wassertemperatur und dem Fischsterben **gi__(p/b)t**.

2 **a.** Trenne die zusammengesetzten Nomen.
b. Verlängere das erste Nomen und schreibe den Plural auf.
c. Ergänze den richtigen fehlenden Buchstaben.

zusammenges. Nomen	Nomen + Nomen	Plural	
die Stran?muschel	*Stran? + Muschel*	*Strand → Strände*	*die Strandmuschel*
die We?beschreibung	______	______	die We__beschreibung
die Fabri?halle	______	______	die Fabri__halle
das Aben?essen	______	______	das Aben__essen
der Die?stahl	______	______	der Die__stahl

Wörter ableiten

Wissen kompakt

In vielen Wörtern klingen **ä** und **e** ähnlich, **äu** und **eu** klingen gleich.
Wenn ich mir unsicher bin, ob ein Wort mit ä oder mit äu geschrieben wird, hilft mir **das Ableiten** von **verwandten Wörtern mit a und au**.
ä oder e? – W?lder, ein verwandtes Wort mit a = *Wald, also: Wälder*
äu oder eu? – B?me, ein verwandtes Wort mit au = *Baum, also: Bäume*

1 a. Umkreise in den Wörtern **ä** und **äu**.

lächeln – die Räume – der Wächter – die Räder – ängstlich – schäumen – die Läuse

b. Schreibe die Wörter mit dem abgeleiteten Wort wie im Beispiel auf.
c. Wähle zwei Wörter aus und bilde jeweils einen Satz. Schreibe in dein Heft.

lächeln – denn: das Lachen,

Der Tiger – die größte Raubkatze der Erde ist in Gefahr

Der Tiger | besiedelt fast ganz Asien. | Vor 100 Jahren | streiften noch | mehr als 100 000 Tiger | durch die Wälder. | 2009 | konnten nur noch | 3200 dieser **kr?ftigen** Tiere | weltweit **gez?hlt** werden. |
J?ger, | die Verwendung von Tigerteilen | in der traditionellen | chinesischen Medizin, | der Verlust | der **Lebensr?me** | durch den Bau | von **St?dten** | sowie die Abholzung | der **B?me** | sind für den Tiger | sehr **gef?hrlich.** | Tierschutzorganisationen | **k?mpfen t?glich** | für die Erhaltung | der **Best?nde**[1].

1 Menge

2 Lies den Text und entscheide die Schreibung der markierten Wörter. Leite sie dazu von einem verwandten Wort ab.

a. Schreibe die Wörter richtig auf die Linie. Ergänze in Klammern das verwandte Wort mit **a/au**.

b. Schreibe den Text in dein Heft. Markiere jeweils die Wörter, bei denen du **ä** und **äu** abgeleitet hast.

Fehler finden – der Rechtschreib-Check

Mit dem Rechtschreib-Check überprüfe ich, ob es Fehlerwörter gibt. Ich wende die Strategien an, um ein Fehlerwort richtig zu schreiben.

Checkpunkt 1: Sprechen – hören – gliedern

▶ Sprechen – hören – gliedern, S. 96

Ich spreche die Wörter langsam und deutlich Silbe für Silbe. So erkenne ich fehlende Buchstaben.

1 In jedem der folgenden Sätze ist ein Fehlerwort rot gedruckt.
a. Sprich das Wort Silbe für Silbe. Markiere die Fehlerstelle.
b. Schreibe jeden Satz richtig auf.

Wir beobachen die Vögel mit dem Fernglas.

Am Bahnhof ist es ungemütich und kalt.

Auf dem Klassnfoto fehlt leider unser Schulhund.

Checkpunkt 2: Wörter verlängern

▶ Wörter verlängern, S. 97

p oder b?   t oder d?   k oder g?

Wenn ich prüfen will, mit welchem Buchstaben ein Wort endet, verlängere ich das Wort. Bei Adjektiven bilde ich eine Wortgruppe.

2 In jedem der folgenden Sätze ist ein Fehlerwort rot gedruckt.
a. Verlängere das Wort. Bilde eine Wortgruppe.
b. Schreibe jeden Satz richtig auf.

Unser Hund tut manchmal so, als wäre er taup. *der taube Hund*

Mein Hund ist wilt, aber gehorsam.

Elefanten sind kluk und sehr sozial.

Checkpunkt 3: Wörter ableiten

▶ Wörter ableiten, S. 98

In vielen Wörtern klingen **ä** und **e** ähnlich, **äu** und **eu** klingen gleich.
Wenn ich ein verwandtes Wort mit **a/au** finde, dann schreibe ich **ä/äu**.

3 In jedem der folgenden Sätze ist ein Fehlerwort rot gedruckt.
a. Leite das Wort ab.
b. Schreibe jeden Satz richtig auf.

Im Herbst sammeln wir Bletter zum Basteln. *das Blatt → die Blätter*

Auf der Insel weht ein kreftiger Wind.

Der Florist stellt Blumenstreuße zusammen.

Checkpunkt 4: Wortfamilien richtig schreiben

Wörter aus einer Wortfamilie haben einen gemeinsamen Wortstamm.
Ich finde ein verwandtes Wort aus der Wortfamilie, das ich sicher schreiben kann.

4 In jedem der folgenden Sätze ist ein Fehlerwort rot gedruckt.
a. Finde ein verwandtes Wort.
b. Schreibe jeden Satz richtig auf.

In den Ferien unternemen wir viel. *nehmen → unternehmen*

Sie hat ihre Lieblingsfarben ausgewält.

Die Klassenfart war großartig.

Mein Opa hat die Eintrittskarten bezalt.

Du kannst nun einen Text mit dem Rechtschreib-Check überprüfen.

5 Der folgende Text enthält sieben Fehlerwörter, die markiert sind.
a. Überprüfe die Fehlerwörter mithilfe der Checkpunkte 1 bis 4.

Achtung: Fehler!

Giraffen – Pflanzenfresser mit langem Hals

Auffällige Merkmale der Giraffe sind | ihre langen Beine | und der außergewöhnlich lange Hals. | Die Mennchen können | bis zu 6 Meter groß werden. Giraffen sind damit | die höchsten Landseugetiere der Welt. | Das Fell der Giraffe | ist gelp | mit unterschiedlich braunen Flecken. | Giraffen sind Pflanznfresser. | Mit ihrer langen Zunge | greifen sie Blätter und Äste | von den Bäumen. | Heute leben Giraffen | nur noch im Osten und Süden Afrikas. | Leider gehören sie | zu den bedrohten Tieraten. | Weil die Anzal der Giraffen | stark gesunken ist, | sind sie seit 2016 | als gefehrdete Art eingestuft | und müssen geschützt werden. | Tierschützer hoffen, | dass sich der Bestand wieder erholt.

b. Schreibe die Fehlerwörter richtig auf.
Schreibe sie zu den passenden Checkpunkten.

Checkpunkt 1: Sprechen – hören – gliedern

Checkpunkt 2: Wörter verlängern

Checkpunkt 3: Wörter ableiten

Checkpunkt 4: Wortfamilien richtig schreiben

6 Schreibe den Text Giraffen – Pflanzenfresser mit langem Hals fehlerfrei in dein Heft.

Fehler finden – der Rechtschreib-Check

Mit dem Rechtschreib-Check kannst du selbstständig überprüfen, ob du die Rechtschreibstrategien richtig angewendet hast.

Checkpunkt 1: Sprechen – hören – gliedern
Deutliches Sprechen und genaues Hinhören helfen beim richtigen Schreiben.
- Sprich dazu das Wort langsam und deutlich Silbe für Silbe.
- Zeichne dabei Silbenbögen in die Luft.

Checkpunkt 2: Wörter verlängern
p oder **b**? **t** oder **d**? **k** oder **g**? Manchmal reicht das deutliche Sprechen und genaue Hinhören nicht aus. Dann kannst du das Wort verlängern.
- Bilde bei Nomen die Mehrzahl (den Plural). Gibt es keine Pluralform, suche ein verwandtes Wort.
- Verwende Adjektive in Wortgruppen.
- Finde bei Verben die Grundform (den Infinitiv).
- Trenne Zusammensetzungen und verlängere die einzelnen Wörter.

Checkpunkt 3: Wörter ableiten
In vielen Wörtern klingen **ä** und **e** ähnlich, **äu** und **eu** klingen gleich.
Wörter mit **ä** und **äu** leitest du dir von verwandten Wörtern mit **a** oder **au** ab.

Checkpunkt 4: Wortfamilien richtig schreiben
Wörter aus einer Wortfamilie haben in der Regel denselben Wortstamm.
- Finde andere Wörter aus der Wortfamilie, die du sicher schreiben kannst.
- Prüfe, ob das Wort eine Vor- oder Nachsilbe hat. Auch vor Vor- und Nachsilben schreibst du immer gleich.

Checkpunkt 5: Regelwissen anwenden
Nomen schreibst du groß. Mit diesen Tipps erkennst du sie:
- Prüfe, ob Personen, Lebewesen oder Gegenstände bezeichnet werden.
- Prüfe, ob das Wort von einem Artikel begleitet wird.
- Prüfe, ob das Wort von einem Adjektiv begleitet wird.
- Prüfe, ob das Wort die Nachsilbe **-ung**, **-heit**, **-keit**, **-nis** oder **-schaft** hat.
- Prüfe, ob vor dem Wort eine Präposition steht.
- Prüfe, ob vor dem Wort ein Pronomen steht.

Wortgruppen schreibst du in der Regel getrennt.
- Wortgruppen aus **Nomen + Verb, Verb + Verb, Adjektiv + Verb** schreibst du in der Regel getrennt.
- Auch Wortgruppen mit **sein** schreibst du in der Regel getrennt.

1 In den Sätzen auf der Seite 105 oben sind einige Wörter hervorgehoben. Es sind Fehlerwörter.
   a. Überprüfe die Sätze mit den angegebenen Checkpunkten.
   b. Schreibe die Sätze fehlerfrei in dein Heft.

Checkpunkt 1: In Deutschland gibt es viele Tierarten, die vom Austerben bedroht sind.
Checkpunkt 2: Besonders Schmetterlinge, wilt lebende Bienen und andere Insekten sind gefährdet.
Checkpunkt 3: Fast die Hälfte aller Insektenarten wird als gefehrdet eingestuft.
Checkpunkt 4: Zudem sind Insekten Nahrungsgrundlage für viele weitere Tierarten, zum Beispiel ernären sich Vögel oder Igel von ihnen.
Checkpunkt 5: Ohne Insekten könnten wir nicht überleben, sie sind wichtig für die bestäubung der pflanzen.

2 Im folgenden Text sind Wörter hervorgehoben. Es sind Fehlerwörter.
a. Überprüfe die Wörter mithilfe der Checkpunkte.

Schutz der Schmetterlinge

Bei uns in Deutschland leben etwa 3500 verschiedene Schmetterlingsarten. Viele von ihnen sind vom Austerben bedroht. Schmetterlinge brauchen zum Überleben nektar, zum Beispiel aus Wiltblumen. Da immer mehr Wiesen bebaut werden, gibt es weniger Flechen, auf denen Wildblumen wachsen können. Außerdem zerstören Unkrautvernichtungsmittel die wilden blumen. Was könnt ihr tun, um diese Insekten zu schützen?

– Gärten und Balkone verwildern lassen!
  Schmetteling̲e und ihre Raupen lieben Unkreuter und freuen sich, wenn diese im Garten oder auf dem Balkon ferbleiben.
– Wildblumen pflanzen:
  Besonders gerne mögen Schmetterlinge den Nektar von Wildblumen. Es gibt sogar spezielle Samenmischungen für insektenfräundliche Blumen.
– Unterschlüpfe für den Winter bauen
  Schmetterlinge lieben alte Äste und Laubabfälle, in denen sie ein sicheres und warmes Wienterquartier finden.

Achtung: Fehler!

b. Schreibe die Fehlerwörter richtig auf. Notiere dahinter in Klammern die Nummer des verwendeten Checkpunkts.

________ (Checkpunkt ___)	________ (Checkpunkt ___)
________ (Checkpunkt ___)	________ (Checkpunkt ___)
________ (Checkpunkt ___)	________ (Checkpunkt ___)
________ (Checkpunkt ___)	________ (Checkpunkt ___)
________ (Checkpunkt ___)	________ (Checkpunkt ___)

c. Schreibe dann den Text fehlerfrei in dein Heft.

Das Abschreiben

Durch richtiges Abschreiben kann ich mir besser merken, wie Wörter geschrieben werden.

1 Wiederhole die Schritte zum richtigen Abschreiben.

Schritt 1: **Lesen**	So beginne ich: – Ich lese mir den Text einmal ganz durch. – Ich überlege, was ich verstanden habe.
Schritt 2: **Merken**	So merke ich mir eine Wortgruppe bis zum Strich: – Ich spreche die Wortgruppe Wort für Wort und Silbe für Silbe leise aus.
Schritt 3: **Schreiben**	So schreibe ich die Wortgruppe bis zum Strich auswendig auf: – Ich decke den Text ab. – Ich spreche beim Schreiben leise mit. – Ich schreibe in jede zweite Zeile.
Schritt 4: **Überprüfen**	So überprüfe ich, was ich geschrieben habe: – Ich vergleiche Wort für Wort mit der Vorlage.
Schritt 5: **Verbessern**	So verbessere ich meine Fehler: – Ich streiche die Wörter mit Fehlern durch. – Ich schreibe die Wörter richtig darüber. *Blättern* *von ~~Blettern~~*

2 Schreibe den folgenden Text ab.
Wende dabei die Schritte 1 bis 5 an.
Schreibe in dein Heft.

Nashörner – Pflanzenfresser mit Hörnern

Nashörner sind | nach einem auffälligen Merkmal benannt, | sie haben Hörner. | Nashörner sind Pflanzenfresser, | sie ernähren sich | zum Beispiel von Blättern und Früchten. | Heute findet man | diese großen Wildtiere | nur noch | in den südlichen Ländern Afrikas | und in einigen Ländern Asiens. | Die Zahl der Nashörner | ist stark zurückgegangen, | weil ihre Lebensräume zerstört wurden. | Ein weiterer Grund ist | die Wilderei*: | Nashörner werden | wegen ihrer Hörner gejagt. | Aber im Süden von Afrika | leben inzwischen | wieder mehr Nashörner, | weil es dort | bewachte Schutzgebiete für sie gibt.

*die Wilderei: unerlaubtes Jagen, Fangen und Töten von Tieren

Das Abschreiben

Wissen kompakt

Beim Abschreiben prägt sich die richtige Schreibweise von Wörtern ein.
Schritt 1: Lesen Ich lese den Text genau und kläre unbekannte Wörter.
Schritt 2: Einprägen Ich präge mir eine Wortgruppe genau ein. Ich lese Wort für Wort, Silbe für Silbe und spreche die Wörter leise aus.
Schritt 3: Schreiben Ich decke den Text ab und schreibe die Wortgruppe auswendig auf. Ich spreche beim Schreiben leise mit. Ich schreibe in jede zweite Zeile.
Schritt 4: Prüfen Ich überprüfe, was ich geschrieben habe: Ich vergleiche Wort für Wort mit der Vorlage.
Schritt 5: Verbessern Ich streiche fehlerhafte Wörter durch. Ich schreibe die Wörter richtig darüber.
Schritt 6: Merken Ich nehme die Fehlerwörter in meine Rechtschreibkartei auf.

1 Wiederhole die Schritte zum richtigen Abschreiben.

2 Schreibe den folgenden Text ab. Nutze dein Heft. Folge den Schritten 1 bis 6.

Bienen brauchen unsere Hilfe

Unsere Natur | ist ein zusammenhängendes System, | in dem jedes Lebewesen | eine wichtige Rolle übernimmt. | Unsere heimischen Wildbienen beispielsweise | sind für die Vermehrung | unserer Pflanzen | sehr wichtig. | Wildbienen | bestäuben die Blüten, | aus denen dann | Früchte, Gemüse | oder neue Pflanzen werden. | Aber unsere heimischen Wildbienen | befinden sich in Gefahr | und sind | vom Aussterben bedroht. |

Es gibt | durch die Eingriffe der Menschen | in die Natur | immer weniger Lebensraum | für die Wildbienen. | Sie haben Schwierigkeiten, | geeignete Nistplätze | oder auch ausreichend Nahrung | zu finden. |

Dabei ist es ganz einfach, | die Bienen zu schützen! | In ganz Deutschland | gibt es | immer mehr Aktionen, | um den Bienen zu helfen. | Zum Beispiel | werden bienenfreundliche Blumenwiesen angelegt, | auf denen | viele Blüten wachsen. | Auch immer mehr Nistmöglichkeiten, | sogenannte Bienenhotels, | werden gebaut, | um den Bienen | mehr Platz zum Nisten | zu bieten.

Wortgruppen getrennt schreiben: Nomen + Verb

Wissen kompakt

Die meisten Wortgruppen, die aus einem **Nomen** und einem **Verb** bestehen, schreibe ich **getrennt**: *Heute will ich **Fahrrad fahren**.*

Menschen und Pferde

Viele Jahrhunderte lang | nutzten die Menschen | Pferde als Arbeitstiere. | Die Pferde mussten | schwere **Lasten tragen** und **Wagen ziehen**. | Als es noch keine Autos gab, | fuhren die Menschen | mit Pferdekutschen. | Heute spielen Pferde | vor allem in der Freizeit eine Rolle. | Wie **Fußball spielen**, **Tennis spielen** | oder **Rad fahren** | ist das Reiten eine beliebte Sportart. | Auch das Voltigieren* auf einem Pferd | kann viel **Freude bereiten**. | Aber man braucht Übung und Geschicklichkeit, | damit keine Unfälle passieren.

* Voltigieren: Turnübungen auf dem Pferd

1 Welche Arbeiten mussten die Pferde früher machen? Schreibe die Antwort auf.

____

2 Einige Wortgruppen sind im Text blau gedruckt. Schreibe sie auf.

Lasten tragen, ______________________________

____

3 Ergänze in den Sätzen die passsenden Wortgruppen.

Auto fahren | *Sport treiben* | *Ski laufen* | *Schlitten fahren*

Wer fit sein möchte, sollte regelmäßig ______________________________.

Sobald der erste Schnee liegt, wollen viele ______________________________ oder ______________________________.

Rad fahren ist besser für die Umwelt als ______________________________.

4 Schreibe den Text Menschen und Pferde in dein Heft.

Wortgruppen getrennt schreiben

Wissen kompakt

Folgende **Wortgruppen** werden in der Regel **getrennt geschrieben**:
Nomen + Verb, z. B.: *Ich möchte gern Schlittschuh laufen.*
Verb + Verb, z. B.: *Ich möchte lieber spazieren gehen.*
Wortgruppen mit sein schreibt man immer getrennt, z. B.: *dabei sein.*

Wildpferde

Wildpferde in Deutschland? Die gibt es tatsächlich! | 12 Kilometer | westlich von Dülmen | im Münsterland | leben etwa 300 Tiere | in freier Wildbahn. | Sie können ohne Probleme | **allein sein.** | Einen Tierarzt oder Hufschmied | haben sie noch nie gesehen. | Ihr Lebensraum ist begrenzt, | aber sehr groß. | Darin kann man sie | frei **laufen lassen.** | Damit sie keine **Not leiden,** | dürfen sie sich | aber nicht unbeschränkt vermehren. | Daher wird | am letzten Samstag im Mai | die gesamte Herde | in eine Arena getrieben. | Dort werden | die jungen Hengste eingefangen – | mit den bloßen Händen! | Viele Zuschauer | wollen sich das nicht | **entgehen lassen.** | Am Eingang werden die Zuschauer | geduldig **Schlange stehen,** | denn sie wollen | bei dem Schauspiel **dabei sein.** | Übrigens werden die gefangenen Tiere | unter den Besuchern versteigert. | Die Pferde werden | als Reittiere für Kinder | sehr geschätzt.

1 Weshalb werden die einjährigen Hengste einmal im Jahr eingefangen? Antworte in einem Satz.

____

2 Im Text sind einige Wortgruppen markiert.
Trage die markierten Getrenntschreibungen aus dem Text in die Tabelle ein.

Nomen + Verb	Verb + Verb	Wortgruppe mit sein

3 Ergänze folgenden Merksatz.

Wortgruppen aus ____________ + ____________, aus ____________ + ____________

sowie Wortgruppen mit ____________ schreibt man in der Regel ____________.

4 Schreibe den Trainingstext Wildpferde ab. Schreibe in dein Heft.

Komma bei dass-Sätzen

Wissen kompakt

Nach folgenden Wortgruppen folgt oft ein Satz mit **dass**:
Wir meinen, dass … / Sie erzählt, dass … / Ich wünsche mir, dass …
Der **dass**-Satz wird durch ein Komma abgetrennt:
*Ich meine, **dass** ein Pflegeberuf zu mir passt.*

Im Krankenhaus

Steffi interessiert sich | für einen Pflegeberuf. | Sie macht ein Praktikum | im Krankenhaus | und begleitet die Krankenpflegerin Ivana. | Ivana erzählt, | **dass** der Beruf sehr interessant ist. | Sie meint, | **dass** man aber auch | eine große Verantwortung hat. | Man muss | den Tagesablauf genau kennen | und immer pünktlich sein. | Ivana erklärt außerdem, | **dass** man viel | mit den Patienten sprechen sollte. | Nachdenklich geht Steffi | nach Hause. | Sie wünscht sich, | **dass** auch sie | einen interessanten Ausbildungsplatz findet.

1 Was wünscht sich Steffi? Schreibe einen Satz auf.

2 a. Markiere im Text die Sätze mit **dass**.
b. Markiere jeweils das Komma vor **dass**.

3 Was sagt Ivana noch? Ergänze die folgenden Satzanfänge.
Denke an das Komma vor **dass**.

… dass man auf Sauberkeit achtet. | *… dass man freundlich und geduldig sein sollte.* | *… dass ich immer nette Kollegen haben werde.*

Es ist sehr wichtig ______________________.

Ich denke ______________________.

Ich hoffe ______________________.

4 Schreibe den Trainingstext Im Krankenhaus in dein Heft.

Komma bei dass und weil

Wissen kompakt

Die **Konjunktionen dass** und **weil** leiten Nebensätze ein, die vom Hauptsatz durch ein Komma getrennt werden, z. B.: *Ich hoffe, **dass** es dir gut geht.*
Nebensätze können **vor und nach dem Hauptsatz** stehen, z. B.:
*Sabine freut sich auf das Essen, **weil** sie Hunger hat.*
***Weil** sie Hunger hat, freut sich Sabine auf das Essen.*

Auf dem Bau

Sandro macht | eine Betriebserkundung | bei einem Bauunternehmer. | Er denkt, | dass der Beruf des Maurers | ganz interessant sein könnte. | Schließlich zählt das Maurerhandwerk | zu den ältesten Berufen. | Auf einer Baustelle | erfährt Sandro, | dass die Tätigkeit | sehr abwechslungsreich ist. | Zuerst wird | das Fundament betoniert, | anschließend werden | die Mauern hochgezogen. | Dabei muss der Maurer | sehr sorgfältig arbeiten | und alles | mit Wasserwaage | und Lot prüfen, | weil das Haus | sonst schief wird. | Auch das Verlegen | von Treppen | und Fensterstürzen[1] | sollte der Maurer beherrschen. | Sandro weiß, | dass er bei Wind und Wetter | draußen arbeiten muss. | Weil er körperliche Belastung mag, | informiert er sich | über den Verdienst. | Außerdem teilt ihm | der Unternehmer mit, | dass man die Meisterprüfung ablegen | und sich selbstständig | machen kann. | Sandro denkt scharf nach. | Das könnte doch etwas | für die Zukunft sein!

1 Fenstersturz: Abdeckung einer Öffnung in der Mauer

1 Nenne eine Besonderheit des Maurerberufs. Antworte in einem Satz.

2 Im Text sind die Konjunktionen dass und weil markiert.
a. Unterstreiche die Nebensätze.
b. Markiere die Kommas, die den Nebensatz vom Hauptsatz abtrennen.

3 Ergänze folgenden Hauptsatz mit einem Nebensatz. Du findest die Antwort im Text. Denke auch an das Komma.

Sandro glaubt

4 Schreibe den Trainingstext Auf dem Bau ab. Schreibe in dein Heft.

Verben und Adjektive werden zu Nomen

Wissen kompakt

Aus **Verben** und **Adjektiven** können **Nomen** werden. Signalwörter wie **das**, **zum**, **viel** weisen mich auf diese Nomen hin. Nomen schreibe ich groß: ***das** Lesen, **zum** Spielen, **beim** Laufen / **das** Schöne, **etwas** Gutes, **viel** Neues.*

Leben am Nord-Ostsee-Kanal

Ole wohnt in Oldenbüttel, | direkt am Nord-Ostsee-Kanal. | Der Kanal verbindet | die Nordsee mit der Ostsee. | Ole erzählt: | „Als kleines Kind | durfte ich **zum Spielen** | nicht ans Wasser. | Meine Eltern hatten Angst, | dass ich ertrinke. | Deshalb habe ich früh schwimmen gelernt. | Jetzt ist **das Schwimmen** mein Hobby. Sonst bietet das Leben | hier auf dem Land | nicht **viel Neues**. | Aber **das Schöne** | sind die großen Schiffe. | Ich entdecke **beim Beobachten** dieser Schiffe oft | **etwas Interessantes**."

1 Welches Hobby hat Ole? Antworte in einem Satz.

____

2 Im Text findest du **Nomen**, die aus **Verben** entstanden sind. Schreibe sie mit den Signalwörtern **das**, **beim**, **zum** auf.

zum Spielen, ______________________________

3 Im Text findest du auch **Nomen**, die aus **Adjektiven** entstanden sind. Schreibe sie mit den Signalwörtern **das**, **etwas**, **viel** auf.

das Schöne, ______________________________

4 Ergänze in den Sätzen passende Nomen. Wähle aus.

etwas Unglaubliches | nichts Interessantes | viel Schönes | beim Basteln | beim Kochen

Hey Leute, ich habe ______________________________ zu erzählen.

Auf der Reise hat Piet ______________________________ gesehen.

Nuria hat sich ______________________________ in den Finger geschnitten.

5 Schreibe den Text Leben am Nord-Ostsee-Kanal in dein Heft.

Verben und Adjektive werden zu Nomen

Wissen kompakt

Aus **Verben** und **Adjektiven** können **Nomen** werden.
Das erkennst du an bestimmten **Signalwörtern**, wie z. B. **Artikel**, **unbestimmte Zahlwörter** (etwas, nichts, viel, wenig) und die starken Wörter **zum** und **beim**.
lesen – das Lesen; spielen – zum Spielen
schön – das Schöne; gut – etwas Gutes

Leben am Bodensee

Nadja lebt am Bodensee. | Sie erzählt: | „Meine Eltern haben | ein kleines Hotel | direkt am See. | Vater fährt zum **Angeln** | aufs Wasser. | Die Fische kommen dann | auf den Tisch. | Unsere Gäste essen gern | etwas **Leckeres**. | Wir Schüler | mögen den See. | Beim **Chillen** am Strand | erzählen wir uns | viel **Neues**. | Und wenn es zu heiß wird, | bringt das **Baden** | eine Abkühlung. | Am Strand erwische ich mich | manchmal beim **Träumen**. | Dann wünsche ich mir, | dass in der Welt | nichts **Schlimmes** passiert. | Das **Gute** soll | möglichst lange bestehen bleiben. | Aber, wer weiß? | Das Leben ist bestimmt | nicht immer so einfach."

1 Was wünscht sich Nadja? Schreibe einen Satz auf.

____

2 Im Text sind nominalisierte Verben und Adjektive markiert.
a. Unterstreiche die nominalisierten Verben rot und markiere die Signalwörter.
b. Unterstreiche die nominalisierten Adjektive blau und markiere die Signalwörter.

3 Bilde mit folgenden Verben aus dem Wortspeicher Nomen.
Verwende die angegebenen Signalwörter. Schreibe in dein Heft.

essen | gehen | sitzen | schwimmen | lesen
das | zum | beim

4 Ergänze den Lückentext mit passenden Wortgruppen aus dem Wortspeicher.

viel Interessantes | das Schöne | nichts Schlimmes

__________ am Bodensee ist das Wasser. Das Ufer ist flach, sodass __________ passieren kann. Es gibt dort auch __________ zu besichtigen.

5 Schreibe den Trainingstext Leben am Bodensee ab. Schreibe in dein Heft.

Komma bei Relativsätzen

Wissen kompakt

Relativsätze erklären ein Nomen genauer. Sie werden mit den **Relativpronomen der, das, die** eingeleitet. Ein Relativsatz wird durch ein Komma abgetrennt:

Der Trainer lobt die Spieler, die sich verbessert haben.

Der neue Mitspieler

Mustafa spielt | jeden Samstag Fußball. | Er freut sich | über **das** schöne **Tor**, | **das** er eben geschossen hat. | Es jubeln **die Zuschauer**, | **die** zu seiner Mannschaft halten. | Am Spielfeldrand | steht auch **Oleg**, | **der** neu in der Stadt ist. | Er möchte gern mitspielen | und fragt **den Schiedsrichter**, | **der** gerade zur Halbzeit pfeift. | „Klar“, antwortet der Schiri, | „sprich mal | **die Betreuerin** an, | **die** da vorne steht.“ | Nach der Pause | wird Oleg eingewechselt. | Er trägt **das Trikot**, | **das** die Betreuerin ihm gegeben hat.

1 Was möchte Oleg? Schreibe einen Satz auf.

2 Im Text sind die Relativpronomen und ihre Nomen blau gedruckt.
- **a.** Kreise das Relativpronomen ein.
- **b.** Zeichne einen Pfeil zu dem Nomen, das genauer erklärt wird.
- **c.** Unterstreiche den Relativsatz und markiere das Komma.

Beispiel: Er sieht seine Freunde, die auf dem Sportplatz Fußball spielen.

3 Finde in folgenden Sätzen die Relativpronomen und ihre Nomen.
- **a.** Kreise das Relativpronomen ein.
- **b.** Zeichne einen Pfeil zu dem Nomen, das erklärt wird.
- **c.** Setze das fehlende Komma.

Auf dem Sportplatz treffen sich die Jungen die im Stadtteil wohnen.

Oleg freut sich über das Trikot das die Betreuerin ihm gegeben hat.

Achtung: Fehler!

4 Schreibe den Text Der neue Mitspieler in dein Heft.

Komma bei Relativsätzen

Wissen kompakt

Relativsätze sind **Nebensätze**, die ein **Nomen im Hauptsatz** näher erklären.
Sie werden mit einem **Relativpronomen** (z. B.: der, die, das) eingeleitet.
Relativsätze werden durch ein Komma vom Hauptsatz abgetrennt.
Das gilt auch, wenn sie eingeschoben sind:

In der Clique spricht man über die Probleme, die besonders wichtig sind.

Über die Probleme, die besonders wichtig sind, wird gesprochen.

In der Clique

In der Clique | unterhalten sich Franzi | und ihre Freundinnen | über Kleidung und Hobbys. | Mit ihren Handys, | die immer eingeschaltet sind, | stehen sie auch sonst | in dauerndem Kontakt. | Sie chatten | über viele Dinge, | die für ihre Gruppe | eine Bedeutung haben. | Auch Themen, | die für die Eltern | tabu sind, | werden besprochen. | Franzis Mutter | lächelt darüber. | „Wenn wir früher | wichtige Nachrichten hatten, | die niemand finden sollte, | schrieben wir diese | auf kleine Zettel. | Die packten wir | in eine Dose, | die wir | an einem geheimen Ort | vergruben. | Nur die besten Freundinnen | durften davon wissen | und die Antwort | genauso hinterlegen. | So arbeiten heute | nur noch Geheimdienste."

1 Im Text findest du fünf Relativsätze.
- **a.** Unterstreiche den Nebensatz und markiere das Komma.
- **b.** Kreise die Relativpronomen ein und zeichne Pfeile zu den Nomen, die sie genauer erklären.

2 In dem folgenden Satz ist der Relativsatz eingeschoben.
- **a.** Setze die fehlenden Kommas.
- **b.** Formuliere den Satz so um, dass der Relativsatz am Ende steht.

Die Nachrichten die geheim sind wurden früher auf Zettel geschrieben.

3 Schreibe den Trainingstext In der Clique ab. Schreibe in dein Heft.

Eigennamen großschreiben

Wissen kompakt

Wortgruppen wie *der Bayerische Wald* oder *das Brandenburger Tor* sind **Eigennamen**. In Eigennamen schreibe ich alle Adjektive und Nomen groß:
In den Ferien fährt Malte in den ***Bayerischen Wald****.*

Auf der Zugspitze

In den **Bayerischen Alpen** | liegt der höchste Berg Deutschlands: | die Zugspitze. | Sie ist 2962 Meter hoch. | Von dort oben | kann man auch | die **Tiroler Alpen** sehen. | Auf dem Berg | ist oft sehr viel los. | Viele Touristen klettern | an den steilen Hängen. | Dabei kann leider auch schnell | etwas passieren. | Das **Rote Kreuz*** | ist immer zur Stelle. | Die Sanitäter versorgen | verletzte Bergsteiger | und die Bergwacht bringt sie | ins nächste Krankenhaus.

* Das Rote Kreuz hilft Menschen bei Unfällen oder in anderen Notsituationen.

1 Wer bringt die Verletzten ins Krankenhaus? Schreibe einen Satz auf.

____

2 Im Text sind drei Eigennamen blau gedruckt.
a. Schreibe die Eigennamen auf.
b. Markiere jeweils das großgeschriebene Adjektiv im Eigennamen.

die *Bayerischen Alpen* ______ die ______________

das ______________

3 **a.** Ergänze die Sätze mit dem passenden Eigennamen.
b. Markiere das großgeschriebene Adjektiv des Eigennamens.

das Schwarze Meer | *das Technische Hilfswerk* | *das Brandenburger Tor*

Bei Katastrophen hilft auch ______________________.

Die Türkei grenzt im Norden an ______________________.

Eine Sehenswürdigkeit in Berlin ist ______________________.

4 Schreibe den Text Auf der Zugspitze in dein Heft.

Eigennamen großschreiben

Wissen kompakt

Der Bayerische Wald ist ein Eigenname. Bestehen Eigennamen aus mehreren Wörtern, werden alle Adjektive und Nomen großgeschrieben.
*In den Ferien fährt Malte in den **Bayerischen Wald**.*
*Das **Rote Kreuz** leistet wertvolle Hilfe.*

Im Nationalpark

Deutschlands ältester Nationalpark | liegt im **Bayerischen Wald**. | Dort kann man | seltene Pflanzen | und Tiere sehen. | Kirsten streift mit ihrer Klasse | durch den Park. | „Schau mal!“, | ruft Aishe, | „ich habe einen | schönen Pilz gefunden!“ | „Lass den sofort fallen“, | sagt ihre Klassenlehrerin erschrocken, | „das ist der | **Grüne Knollenblätterpilz**, | der ist total giftig.“ | Nach ein paar Stunden Aufenthalt | geht es zurück | in die Jugendherberge. | Die ist in **Bayerisch Eisenstein**. | Direkt hinter dem Haus | liegt der **Große Arber**, | das ist der höchste Berg | des **Bayerischen Waldes**. | Er ist 1456 Meter hoch. | Von hier aus | ist es nicht weit | bis in die **Tschechische Republik**. | Der Nationalpark | bietet den Schülern | jeden Tag etwas Neues.

1 In welcher Stadt liegt die Jugendherberge? Schreibe einen Antwortsatz auf.

2 Im Text sind großgeschriebene Eigennamen markiert.
a. Schreibe die großgeschriebenen Eigennamen mit dem Artikel auf.
b. Unterstreiche jeweils das großgeschriebene Adjektiv im Eigennamen.

3 Übertrage die Tabelle in dein Heft.
a. Ordne die Eigennamen aus dem Text in die Tabelle ein.
b. Ergänze deine Tabelle mit Wortgruppen aus dem Wortspeicher.

geografische Eigennamen	*andere Eigennamen*
der Bayerische Wald	

die Gelben Seiten | *das Tote Meer* | *das Fleißige Lieschen* | *der Schwarze Tod*

4 Schreibe den Trainingstext Im Nationalpark ab. Schreibe in dein Heft.

Merkwörter mit h nach einem langen Vokal

Wissen kompakt

Ich merke mir die Wörter, bei denen nach einem lang gesprochenen Vokal ein **h** folgt: *das Jahr, jährlich, die Wahl, wählen, nehmen, ohne, sehr.*
Wenn ich bei einem Wort unsicher bin, suche ich ein verwandtes Wort.

Die Zwillinge

1 Tilo und Mario | sind Zwillinge, | die sich **sehr** gleichen. |
2 Aus diesem Grund | verwechseln die **Lehrer** | sie oft. | Tilo mag
3 **Zahlen** | und rechnet gern. | Mario kann | tolle Geschichten
4 **erzählen.** | Aber beide Jungen | mögen am liebsten |
5 Schokoladeneis mit **Sahne.** | Ab und zu | machen die Zwillinge |
6 einen Spaß: | Sie tauschen in der Klasse | **ihre** Sitzplätze |
7 und sind gespannt, | wer diesen **Fehler** | entdeckt.

1 Was kann Mario gut? Antworte in einem Satz.

____

2 Im Text sind die Wörter blau gedruckt, bei denen nach einem lang gesprochenen Vokal ein **h** folgt.
a. Schreibe die Wörter auf. Ergänze bei den Nomen die Artikel.
b. Markiere den lang gesprochenen Vokal und das **h**.

sehr, die Lehrer, ______________________________

3 **a.** Ordne die verwandten Wörter. Schreibe sie auf die Linien.
b. Markiere jeweils den lang gesprochenen Vokal und das **h**.

die Klassenfahrt | sie nahm | abnehmen | er fährt | der Tippfehler | gefehlt | abfahren | befehlen | die Ausnahme | es fehlte | vorfahren | vornehmen

f**ah**ren: *die Klassenfahrt,* ______________________________

n**eh**men: ______________________________

f**eh**len: ______________________________

c. Wähle oben Wörter mit **h** aus und schreibe drei Sätze in dein Heft.

4 Schreibe den Text Die Zwillinge in dein Heft.

Wörter mit h

Wissen kompakt

In den **Wörtern mit h** kann das h am Ende oder am Anfang einer Silbe stehen:
Das **silbenöffnende h** steht am **Anfang einer Silbe**. Es trennt zwei Vokale, die zu verschiedenen Silben gehören, z. B.: *ge-hen.*
Das **Dehnungs-h** steht **nach einem langen Vokal** und nur **vor** den Konsonanten **l**, **m**, **n** und **r**, z. B.: *die Müh-le, rüh-men, oh-ne, fah-ren.*

Ein seltsamer Dieb

Marie steht morgens | **gähnend** auf der Terrasse. | „Wo sind denn | nur meine **Schuhe** | geblieben?“, | denkt sie, | „ich habe gestern Abend | beide in der **Reihe** hierhingestellt. Da liegt ja | der eine. | Der andere scheint zu **fehlen**.“ | Ihre Mutter | tröstet sie: | „Nur die **Ruhe**! Den wird doch | niemand **stehlen**, | die **Sohle** ist | ganz löchrig.“ | Da kommt Riese | um die Ecke, | Maries süßer Dackel. | Und was trägt | er in seinem Maul? | Den linken Schuh. | Freudig wedelt er | mit dem Schwanz | und knabbert | an dem Leckerli, | das er | zur **Belohnung** bekommt.

1 Im Text findest du acht Wörter mit h.
a. Schreibe die Wörter auf die Linien.
b. Setze jeweils die Silbenbögen und markiere das h.

gähnend

2 **a.** Übertrage die Tabelle in dein Heft.
b. Trage die Wörter mit h in die Tabelle ein.

Wörter mit silbenöffnendem h	*Wörter mit Dehnungs-h*
...	...

3 Trage auch folgende Wörter in deine Tabelle ein.

die Flöhe | drehen | die Bohne | bohren | blühen | befehlen

4 Schreibe den Trainingstext Ein seltsamer Dieb ab. Schreibe in dein Heft.

Die Wortarten im Überblickk

Nomen (Namenwort)

Nomen bezeichnen **Lebewesen**, **Gegenstände** und **gedachte oder vorgestellte Dinge**.
Vor einem Nomen steht oft ein **bestimmter** oder ein **unbestimmter Artikel**.
Fast alle Nomen können im **Singular (Einzahl)** und im **Plural (Mehrzahl)** stehen.

Nomen erscheinen in Sätzen immer in einem bestimmten **Kasus (Fall)**. Im Deutschen gibt es vier Fälle. Der **Artikel** und die **Endung** des Nomens **richten sich nach dem Fall**.

der/ein Entdecker – die Entdecker
das/ein Zelt – die Zelte
die/eine Reise – die Reisen

Kasus (Fall)	*Maskulinum (männlich)*	*Neutrum (sächlich)*	*Femininum (weiblich)*
Nominativ (wer oder was?)	*der Trainer*	*das Glück*	*die Luft*
Genitiv (wessen?)	*des Trainers*	*des Glücks*	*der Luft*
Dativ (wem?)	*dem Trainer*	*dem Glück*	*der Luft*
Akkusativ (wen oder was?)	*den Trainer*	*das Glück*	*die Luft*

Pronomen (Fürwort)

Personalpronomen können wir **für Lebewesen, Gegenstände oder gedachte Dinge einsetzen**. Personalpronomen helfen dabei, häufige Wiederholungen von Nomen zu vermeiden. Sie werden im Satz wie die Nomen dekliniert (gebeugt).

ich – du – er – sie – es – wir – ihr – sie

Wir entdeckten einen Gang. Er war lang.
Wir folgten ihm bis zu einer Steintür.

Possessivpronomen sagen, **wem** etwas gehört. Die **Endungen** der Possessivpronomen richten sich nach dem dazugehörigen **Nomen**.

mein Zelt, unsere Reise, deine Eltern
der/das → mein, dein, sein/sein/ihr, unser, euer, ihr
die/die → meine, deine, seine/seine/ihre, unsere, eure, ihre

Adjektiv (Eigenschaftswort)

Mit Adjektiven können wir Lebewesen und Gegenstände genauer **beschreiben**. Adjektive sagen, **wie** etwas ist. Steht das Adjektiv vor einem Nomen, verändert sich die Endung.

Adjektive können wir **steigern**. So können wir beschreiben, wie sich Lebewesen oder Gegenstände unterscheiden.

Ich sehe einen ruhigen See.
Auf dem ruhigen See liegt ein Boot.

Grundform	*Komparativ (1. Steigerungsform)*	*Superlativ (2. Steigerungsform)*
(so) neu (wie)	*neuer (als)*	*am neuesten*

Adverbien

Adverbien machen genauere Angaben.
Sie drücken aus, **wo** (Adverbien des Ortes), **wann** (Adverbien der Zeit), **wie** (Adverbien der Art und Weise) oder **warum** (Adverbien des Grundes) etwas geschieht.
Adverbien **verändern ihre Form nicht.**

Wo? hier, dort, geradeaus, hinten, …
Wann? jetzt, dann, danach, sofort, …
Wie? sehr, irgendwie, gern, genauso, …
Warum? darum, deshalb, daher, …